단순, 진행, 현자 ‖ 시제 총정리

바쁜 친구들이 즐거워지는
빠른 학습법

5·6
학년용

바빠
영어 시제 특강

Verb
& Tense

이지스에듀

지은이 | 주선이

영어교육과 스토리텔링을 전공했다. 대교, 천재교육, 언어세상, 사회평론, YBM 시사 및 NE_Build & Grow 등과 다수의 영어 교재를 집필하고 영어 학습 전문 프로그램 및 학습 앱을 개발했다. 『영리한 영문법』과 『초등 영어를 결정하는 파닉스』 등은 대만과 중국에서 번역 및 출간되고 있다.

대표 저서로 『바빠 영어 시제 특강』, 『기적의 사이트 워드』, 『기적의 영어문장 만들기』, 『기적의 동사 변화 트레이닝』, 『기적의 영어 문장 트레이닝』, 『초등 영어를 결정하는 영문법』 등이 있다.

감수 | Michael A. Putlack (마이클 A. 푸틀랙)

미국의 명문 대학인 Tufts University에서 역사학 석사 학위를 받은 뒤 우리나라의 동양미래대학에서 20년 넘게 한국 학생들을 가르쳤다. 폭넓은 교육 경험을 기반으로 『미국 교과서 읽는 리딩』 같은 어린이 영어 교재를 집필했을 뿐만 아니라 『영어동화 100편』 시리즈, 『7살 첫 영어 - 파닉스』, 『바빠 초등 필수 영단어』 등의 영어 교재 감수에 참여해 오고 있다.

바빠 영어 시제 특강 5·6학년용

(이 책은 2015년 7월에 출간된 《바쁜 5·6학년을 위한 빠른 영어 특강 - 영어 시제 편》을 보완해 개정 증보한 판입니다.)

초판 1쇄 발행 2023년 4월 14일
초판 3쇄 발행 2024년 8월 30일
지은이 주선이
발행인 이지연
펴낸곳 이지스퍼블리싱(주)
출판사 등록번호 제313-2010-123호
주소 서울시 마포구 잔다리로 109 이지스 빌딩 5층(우편번호 04003)
대표전화 02-325-1722   팩스 02-326-1723
이지스퍼블리싱 홈페이지 www.easyspub.com   이지스에듀 카페 www.easysedu.co.kr
바빠 아지트 블로그 blog.naver.com/easyspub   인스타그램 @easys_edu
페이스북 www.facebook.com/easyspub2014   이메일 service@easyspub.co.kr

본부장 조은미   기획 및 책임 편집 이지혜 | 정지연, 박지연, 김현주   문제 검수 조유미, 이지은
표지 및 내지 디자인 손한나, 김용남   조판 최정원   일러스트 김학수, shutterstock   인쇄 보광문화사   독자지원 박애림
영업 및 문의 이주동, 김요한(support@easyspub.co.kr)   마케팅 라혜주

ISBN 979-11-6303-462-9 63740
가격 15,000원

• **이지스에듀**는 이지스퍼블리싱(주)의 교육 브랜드입니다.
 (이지스에듀는 학생들을 탈락시키지 않고 모두 목적지까지 데려가는 책을 만듭니다!)

> ❝
> # 펑펑 쏟아져야 눈이 쌓이듯,
> # 공부도 집중해야 실력이 쌓인다.
> ❞

교과서 집필자, 공부법 전문가, 명강사들이
적극 추천하는 '바빠 영어 시제 특강'

한국 사람들에게는 영어의 시제 관련 문법은 정확한 연습이 반드시 필요하다. 결국 문제는 얼마나 정확하게 연습했고, 또 그 연습을 효과적으로 했는지가 중요하다. 시제 연습에 최적화된 교재를 추천할 수 있게 되어 기쁘다.

박재원 소장님
행복한 공부연구소

영문법의 절반은 시제입니다. 시제를 모르면 동사를 제대로 쓸 수 없기에 영문법의 핵심은 바로 시제라 할 수 있지요. 시제의 기초를 확실히 담아낸 책으로, 초등학교 5,6학년, 중학교 1,2학년에게 큰 도움이 될 것입니다.

안선모 선생님
초등 영어 교과서 집필진

아이들이 특히 어려워하고 많이 틀리는 시제만 콕콕 집어 쉽고 효과적으로 학습할 수 있는 책입니다. 이 책을 마치면 시제 부분의 실수를 확실히 줄일 수 있을 것입니다. 기초를 튼튼하게 다질 초등 영문법 교재로 적극 추천합니다.

클레어 선생님
바빠 영어쌤, 초등학교 방과 후 영어 강사

초등학교부터 고등학교까지 긴 시간 영문법을 반복해서 공부해도 가장 많이 실수하는 부분이 바로 '시제'입니다. 시제를 정리하기 위해 영문법 전체를 처음부터 다시 공부하던 수고로움에서 완전히 벗어나게 해줄 책입니다.

허성원 원장님
YBM egloo 인창2학원/허성원 어학원

시제에만 필요한 필수 영문법만을 직접 써 보며 정확하게 습득하도록 구성된 책입니다. 방대하고 어려운 영문법 규칙 중 필요한 영역만 골라 한 권으로 학습하니 초등학생들에게 최적이네요.

이지은 선생님 초등 영어 교과서 만든이
'즐거운 초등 영어' 유튜브 운영자

영어에서 매우 중요한 필수 시제를 간결한 설명과 함께 쉬운 예문으로 꾸민 효과적인 책입니다. 시제에 필요한 문법을 누구나 쉽게 반복 학습을 하며 본인의 것으로 소화할 수 있을 것입니다.

어션 선생님 기초영어 강사
'어션영어 BasicEnglish' 유튜브 운영자

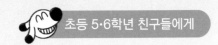

영문법의 핵심인 시제, 한 권으로 총정리!

영문법의 절반은 동사 변화와 시제!

영문법이란 영어 문장을 만드는 규칙(법)입니다. 그럼 영문법에서 가장 많은 양을 차지하는 것은 무엇일까요? 반 이상이 동사의 시제에 관한 것입니다. 3인칭 단수형, 규칙, 불규칙 변화, 동사의 3단 변화, 현재분사, 과거분사형… 이 모든 것들이 동사와 시제에 관련된 것이랍니다.

영문법에서 왜 이렇게 시제가 많은 양을 차지할까요? 첫째, 영어 문장에서 동사가 가장 중요한 역할을 하기 때문입니다. 둘째, 영어 시제는 우리말보다 종류가 많은 데다 우리에게는 낯선 완료 시제라는 부분이 있기 때문입니다.

초등 영어를 넘어 중학 영어까지 대비하려면, 시제만은 꼭 잡고 가요!

초등학교 때 영어를 잘하던 친구도 중학교 영어 시험을 보면 동사의 3인칭 단수형에서 s를 빼먹거나, 동사원형을 쓰는 것을 헷갈려 틀리는 경우가 많아요. 특히 완료형을 배울 때부터 영어를 어려워하며 포기하는 친구들도 생겨납니다. 그래서 초등 영어를 넘어 중학 영어까지 대비하려면, 시제만은 꼭 잡고 가야 해요!

이 책에서는 초등학교에서 주로 배운 단순 시제(현재, 과거, 미래), 진행 시제(현재진행, 과거진행)부터 중학교에서 배우게 될 완료 시제(현재완료)까지 6가지 기본 시제를 한 권에 모아 총정리했어요.

헷갈리는 시제, 한 권에 모아 서로 비교하며 완벽하게 배워요!

영어 시제에는 헷갈리는 부분이 많습니다. 예를 들어 단순현재와 현재진행, 단순과거와 현재완료 등의 차이는 단순한 우리말 해석만으로는 이해하기 어렵습니다. 보통 시제를 여러 권에 걸쳐 나누어 배우다 보니, 새로운 시제를 배울 때는 앞서 배운 것을 잊어버려 더 헷갈리게 됩니다.

그래서 시제를 완벽하게 익히기 위해서는, 전체 시제를 한꺼번에 집중적으로 총정리하는 과정이 반드시 필요합니다.

실수하기 쉬운 부분을 위해서 과학적인 학습 설계를 적용했어요!

이 책에서는 실수하기 쉽거나 어려운 부분을 위해 과학적인 학습 설계를 적용했습니다.
첫째, 우리말과 다른 영어의 시제 개념을 먼저 머리로 충분히 이해하고 손이 기억하도록 했습니다.
시제의 가장 기본이 되는 동사 형태를 먼저 익힌 뒤, 다양한 문장을 통해 비교하며 충분히 써 보도록 구성했습니다. 둘째, 각각의 훈련 문제 안에서도 기계적인 쓰기나 찍기를 방지하기 위해 단순한 빈칸 채우기부터 완전한 문장을 쓰는 단계까지 조금씩 수준을 높인 훈련 문제를 구성했습니다. 이를 통해 스스로 다양한 수준의 문제를 해결하는 실력을 키워 갈 수 있습니다.

실제 영어에서 사용하는 동사의 쓰임을 자연스럽게 파악해요!

이 책에서는 이제껏 어떤 책에서도 보지 못한 시제 맞춤식 삽화와 연습 문제들이 소개됩니다. 특히 완료 시제 부분에서는 오랜 연구를 통해 삽화만 보아도 누구나 쉽게 이해되도록 개념을 소개하고 있습니다.

또한 각 시제에 필수 동사를 반복 훈련하도록 구성하여, 이 책을 마치면 영문법에서 반드시 외워야 할 동사의 3단 변화와 자주 사용하는 영어 동사의 쓰임을 저절로 파악할 수 있습니다.

실제 영어에서 진행 시제와 완료 시제가 가장 많이 사용되고 있습니다. 이 책을 마치면 중학 영어 준비뿐만 아니라, 영어 독해나 회화도 훨씬 더 쉽게 느껴질 것입니다. 《바빠 영어 시제 특강》으로 영어 문장의 주요 뼈대가 되는 동사의 시제를 한 번에 정리해 보세요!

선생님과 독자들의 의견 덕분에
더 좋아졌어요!

'바쁜 5·6학생을 위한 빠른 영어특강-영어 시제 편'(이하 바빠 영어 시제)이 8년 만에 새롭게 나왔습니다!

하나, 초등 영어 교과 과정을 더욱 충실하게 담았어요

개정판에서는 초등 영어 교과 과정에서 꼭 익히고 넘어가야 할 기본 시제에 집중했습니다. 기존에는 빠져 있던 미래 시제를 추가하여 초등 영어의 기초를 더욱 탄탄하게 쌓을 수 있습니다.

둘, 문법 개념 이해를 돕는 시각적인 학습 효과를 더했어요

푸른 색자는 현재형, 붉은 색자는 과거형, 주황 색자는 미래형으로 구분해 시제를 한눈에 파악할 수 있게 했습니다.

셋, 글자 크기를 키우고 답을 쓰는 칸도 더 넓혔어요

아이가 공부할 때 '이건 할 수 있겠다!'라는 긍정적인 감정을 갖는 게 중요하다고 합니다. 이번 개정판에서는 아이들이 책을 펼쳤을 때 자신감 있게 풀어 나가도록 글자 크기를 키우고, 답 쓰는 칸도 넓혔습니다. 이러한 장치는 '공부에 대한 긍정적인 감정'을 심어 줄 것입니다.

이 책을 경험한 선생님, 부모님의 찬사!

"시제 때문에 다시 처음부터 문법을 하기 애매했는데, 정말 딱입니다!"

영어 시제만 딱 묶어서 알기 쉽게 설명해 놓은 교재 덕분에
무사히 고비를 넘어갔습니다.
- s*******r 님

반복적인 쓰기 훈련으로 자연스럽게 동사 시제를 익히면서
아이가 이전에 헷갈려 했던 부분들이 점차 줄어들고 있어요.
- 투영** 님

헷갈리는
시제를 모아서
총정리!

와우!

현재 진행에서 be동사만 빼먹고 ing만 적어서 우르르 틀렸어요.
채점을 하며 우리 아이가 어느 부분이 부족한지 알게 되었어요.
-p********o 님

시제를 알면 영문법의 반이 끝난다!

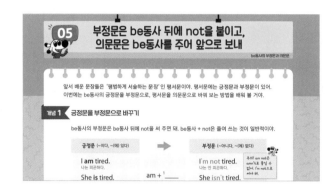

1단계 ★ 본책

개념 먼저 이해하기

개념 설명을 잘 읽고, 개념 설명 속 빈칸을 채우면서 핵심을 이해했는지 스스로 확인합니다.

2단계 ★ 본책

자연스러운 반복으로 내 것으로 만들기

바빠 영어 시제 특강은 배운 내용이 누적 반복되어 자연스럽게 복습이 되도록 구성된 최적의 프로그램입니다. 문제를 풀면서 반복해서 틀리는 동사나 문장은 꼭 내 것이 되도록 익히세요.

3단계 ★ 특별 부록

불규칙 동사의 3단 변화 완벽하게 암기하기

2단계에서 자연스럽게 누적 반복한 단어이지만 부록으로 한 번 더 완벽하게 익히세요. 불규칙 동사의 3단 변화는 다양한 시제를 표현할 때 응용 가능한 소중한 자산이자 무기가 될 것입니다.

이 책을 지도하시는 학부모님과 선생님께

★ 문장을 소리 내어 읽는 습관을 길러 주세요.
  입으로 문장을 읽으면서 공부하면 자연스럽게 문장을 기억하는 데 도움이 됩니다.

★ 새 유닛을 학습하기 전, 전날 배운 내용을 다시 한 번 훑어보게 해 주세요.
  배운 내용이 누적 반복되어 새 유닛 속 문장들에 녹아 있습니다.
  그러니 꼭 전날 학습한 유닛의 개념을 읽고 새 유닛을 학습해 주세요.

★ 틀린 답을 확인한 다음, 다시 읽고 써 보는 습관을 길러 주세요.
  자주 실수하는 부분은 개념과 기초 문제를 다시 한 번 노트에 쓰고 연습하도록 지도해 주세요.

Contents

영어 시제 진단평가

나는 어떻게 공부해야 할까?

진단평가를 풀어 본 후, '12쪽의 권장 진도표'를 참고하여 공부 계획을 세워 보세요.
시계를 준비하고 아래 제시된 시간 안에 문제를 풀어 보세요.

5학년~6학년인 경우
잘 모르는 내용이 나오더라도 문제를 끝까지 풀고 몇 개를 맞았는지 확인해
보세요. 적절한 진도표를 찾는 것이 목적이니까요.

아직 5학년이 되지 않은 경우
진단평가는 풀지 않아도 됩니다. unit 01부터 2개씩 차근차근 기초 영문법을
익히면서 공부하세요.

약점을
찾은 다음
공부 계획을
세워 보자!

- **출제 범위** : 영어 시제(초등학교 영어 교과 과정 ~ 중학교 2학년 영어 교과 과정)
  단순 시제, 진행 시제, 완료 시제
- **평가 문항** : 20문항
- **평가 시간** : 10분

영어 시제 진단평가

[1-2] 빈칸에 알맞은 것을 고르세요.

잘 모를 때 이 책에서 참고할 Unit

1. I _____ outside. 나는 밖에서 논다.

    ① play   ② played   ③ am   ④ plays

01 단순 현재

2. She _____ her best. 그녀는 최선을 다한다.

    ① do   ② dos   ③ is   ④ does

01 3인칭 단수

[3-10] 괄호 안에 알맞은 것에 ○표 하세요.

3. He (studyed, shoped, worked) yesterday.

02 규칙 변화

4. They (ran, do, wined) yesterday.

03 불규칙 변화

5. They (was, be, are) late.

04 be동사

6. The dog (isn't, weren't, am not) smart.

05 be동사의 부정문

7. (Were, Are, Was) he busy?

05 be동사의 의문문

8. We (not watch, don't watch, didn't watched) TV.

06 단순 부정

9. Does he (work, works, worked) hard?

07 단순 의문

10. We (are, will) meet them tomorrow.

08 단순 미래

| 보기 | coming | isn't | are | were | am |

11. I _____ going to see the movie.

09 be going to

12. She is _____ here now.

12 현재진행

13. They _____ singing last night.

13 과거진행

14. John _____ taking a shower now.

14 진행 부정문

15. _____ they doing homework now?

15 진행 의문문

[16-17] 다음 보기 와 같은 방법으로 변형을 하는 동사를 고르세요.

16.
| 보기 | 동사원형-과거형-과거분사형
live – lived – lived |

19 과거분사형

① wash   ② rain   ③ arrive

17.
| 보기 | 동사원형-과거형-과거분사형
cut – cut - cut |

20 과거분사형

① go   ② hit   ③ build

[18-20] 빈칸에 알맞은 것을 고르세요.

18. He _____ out. 그는 (지금까지) 나가 버리고 없다.

22 현재완료

① went   ② goes   ③ has gone

19. They _____ known each other. 그들은 (지금까지) 서로 모르고 있다.

23 현재완료의 부정문

① aren't   ② haven't   ③ didn't

20. _____ you made a mistake? 너는 (지금까지) 실수해 본 적 있니?

24 현재완료의 의문문

① Are   ② Do   ③ Have

나만의 공부 계획을 세워 보자

권장 진도표

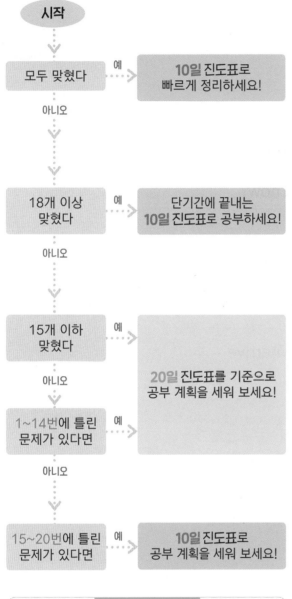

시작

모두 맞혔다 ─예→ **10일** 진도표로 빠르게 정리하세요!

아니오

18개 이상 맞혔다 ─예→ 단기간에 끝내는 **10일** 진도표로 공부하세요!

아니오

15개 이하 맞혔다 ─예→

아니오

1~14번에 틀린 문제가 있다면 ─예→

20일 진도표를 기준으로 공부 계획을 세워 보세요!

아니오

15~20번에 틀린 문제가 있다면 ─예→ **10일** 진도표로 공부 계획을 세워 보세요!

★	20일 완성	10일 완성
☐ 1일	Unit 01~02	Unit 01~03
☐ 2일	Unit 03~04	Unit 04~06
☐ 3일	Unit 05~06	Unit 07~09
☐ 4일	Unit 07~08	Unit 10~12
☐ 5일	Unit 09	Unit 13~15
☐ 6일	Unit 10	Unit 16~18
☐ 7일	Unit 11~12	Unit 19~21
☐ 8일	Unit 13~14	Unit 22~24
☐ 9일	Unit 15~16	Unit 25~26
☐ 10일	Unit 17	Unit 27~28
☐ 11일	Unit 18	
☐ 12일	Unit 19~20	
☐ 13일	Unit 21	
☐ 14일	Unit 22	
☐ 15일	Unit 23	
☐ 16일	Unit 24	
☐ 17일	Unit 25	
☐ 18일	Unit 26	
☐ 19일	Unit 27	
☐ 20일	Unit 28	

진단평가 정답

1 ①	2 ④	3 worked
4 ran	5 are	6 isn't
7 Was	8 don't watch	9 work
10 will	11 am	12 coming
13 were	14 isn't	15 Are
16 ③	17 ②	18 ③
19 ②	20 ③	

야호! 영어 시제 총정리 끝!

PART 01

단순 시제
Simple Tense

시제란 동사를 이용하여 시간을 표현하는 거야. PART 01에서는 가장 뼈대가 되는 중요한 시제, 단순 시제 규칙부터 배울 거야. 단순하지만 모든 시제의 가장 기본이 되는 시제이므로, 훈련을 통해 완벽하게 익히는 게 중요해.

단순 시제가 뭘까?

단순 시제란 과거, 현재, 미래로 나뉘어. 과거는 과거 시제나 단순 과거, 현재는 현재 시제나 단순 현재,

미래는 미래 시제나 단순 미래라고 하기도 해. 모두 같은 의미야.

똑딱똑딱~ 시간은 계속 흐르고 있지?

시간은 과거로부터 현재를 지나 미래로 흘러갈 거야.

각 시제가 어떤 의미인지 살펴볼게.

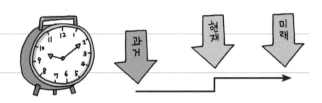

 먼저, 과거!

과거라면, 내 어린 시절이 떠올라.

지난 일

I was very cute.
나는 무척 귀여웠어.

I cried a lot.
나는 많이 울었어.

어린 시절 외에도, 어제, 지난주에 한 일도 모두 **과거 시제**야.
과거는 우리말로 '~했다'라고 해석하면 돼.

하나 더!

바로! 역사적으로 일어났던 사건들도 꼭 **과거 시제**로 써야 해.

역사적 사건

King Sejong invented Hangul in 1443.
세종대왕은 1443년에 한글을 창제했어.

다음은 현재!

현재 시제는 현재 상태나 사실을 나타내지.

현재 나의 상태

I am **tall and handsome.**
나는 키가 크고 잘생겼어.

현재는 우리말로 '~하다'라고 해석해.

추가로!

지금 하고 있는 일이 아니라 반복하는 일이나 습관에도 **현재 시제**를 쓰지!

습관

I play **baseball after school.**
나는 방과 후에 야구를 해.

 마지막으로, 미래!

미래 시제는 일어날 일을 예상하거나, 자신의 의지를 표현해.

예상

It will be **sunny tomorrow.**
내일은 날씨가 화창할 거야.

의지

I will watch **baseball game.**
나는 내일 야구경기를 관람할 거야.

자, 이제부터 하나씩 살펴보자.

01 현재 시제에서 주어가 3인칭 단수일 때는 동사가 바뀌어

개념 1 ▶ 현재 시제는 주어에 따라 동사 모양이 달라진다

현재 시제 동사는 그냥 동사원형 쓰는 거 아냐?

이그~ 주어가 3인칭 단수일 땐 달라지잖아!

❶ 주어가 I, you, we, they, 복수일 때는 동사원형을 쓴다.

I **sing** well. 나는 노래를 잘 부른다.

The boys **swim** well. 그 소년들은 수영을 잘한다.

(The boys → They)

❷ 주어가 나, 너가 아닌 3인칭 단수(he, she, it)일 때는 동사의 모양이 바뀐다.

She **sings** well. 그녀는 노래를 잘 부른다.

Tom **swims** well. Tom은 수영을 잘한다.

(Tom → He)

동사원형에 -s, -es가 붙는 형태를 주어의 명칭을 따서 3인칭 단수형 동사라고 해.

개념 2 ▶ 3인칭 단수형 동사는 동사원형에 -s나 -es가 붙는다

대부분의 동사는 동사원형에 -s만 붙이지만 다음 동사들의 변화를 살펴보자.

(teach + es = teaches 가르치다)

She ¹_____ English. 그녀는 영어를 가르친다.

The boy ²_____ English. 그 소년은 영어를 공부한다.

(study + es = studies 공부하다)

원가 다르지? 맞아! 동사원형에 -s가 아닌 -es를 붙여 줬어.

그럼 어떤 동사일 때 -s와 -es를 붙이는지 연습해 보자.

정답 1. teaches 2. studies

3인칭 단수형 동사를 만드는 4가지 유형 알기

유형 1

가장 많아

기본형 대부분 -s를 붙인다.

come ➡ comes   kick ➡ kicks

유형 2

동사 끝 주의

ch, sh, x, o, s로 끝나는 동사는 -es를 붙인다.

catch ➡ catches   wash ➡ washes

유형 3

y 앞에 자음 확인 필수!

자음+y로 끝나면 y를 i로 고친 뒤, -es를 붙인다.

fly ➡ flies   cry ➡ cries

유형 4

모음은 a, e, i, o, u

단, 모음+y로 끝나면 -s만 붙인다.

buy ➡ buys   play ➡ plays

✦**예외**✦ have의 3인칭 단수형은 has이다.

 동사를 3인칭 단수 현재형으로 바꾸세요.

유형 **1**

❶ kick
차다
kicks

❷ know
알다

❸ stop
멈추다

유형 **2**

❶ wash
씻다

❷ fix
고치다

❸ teach
가르치다

❹ watch
보다

❺ do
하다

❻ miss
그리워하다

유형 **3**

❶ cry
울다

❷ try
노력하다

❸ marry
결혼하다

❹ study
공부하다

❺ carry
나르다

❻ bury
묻다

유형 **4**

❶ play
놀다

❷ say
말하다

✦ have
가지다

> **1 단계** 현재 시제에서는 주어가 3인칭 단수(he, she, it)일 때만 동사의 모양이 바뀐다.
>
> I **teach** English.   She **teaches** English.
>
> **2 단계** 주어가 A dog이나 Mr. Park인 경우, 대명사로 바꿔서 생각하면 쉽다.
>
> A dog ➡ It   Mr. Park ➡ He   My sister ➡ She   Students ➡ They

💡 주어에 알맞은 동사에 ○표 하세요.

❶ I (buy) | buys ~
사다

❷ It swims | swim ~
헤엄치다

❸ Spring come | comes ~
(It)
오다

❹ They stop | stops ~
멈추다

❺ A dog bury | buries ~
(It)
묻다

❻ Mr. Park have | has ~
(He)
가지다

❼ The boy kicks | kick ~
(He)
차다

❽ Students study | studies ~
(They)
공부하다

❾ Birds flies | fly ~
(They)
날다

❿ She carry | carries ~
나르다

⓫ Mark live | lives ~
(He)
살다

⓬ My sister go | goes ~
(She)
가다

두 문장씩 비교하며 주어진 동사를 이용해 우리말에 알맞은 문장을 완성하세요.

do   cry   fly   know   play   wash   teach   watch

❶ He _____ her.

그는 그녀를 안다.

We _____ him.

우리는 그를 안다.

❷ She _____ her best.

그녀는 최선을 다한다.

I _____ my best.

나는 최선을 다한다.

❸ They _____ math.

그들은 수학을 가르친다.

The teacher _____ English.

그 선생님은 영어를 가르친다.

❹ The children _____ TV.

그 아이들은 텔레비전을 본다.

My sister _____ the movie.

나의 언니는 영화를 본다.

❺ The baby _____ every night.

그 아기는 매일 밤 운다.

Babies _____ at night.

아기들은 밤에 운다.

❻ We _____ a kite.

우리는 연을 날린다.

The girl _____ a drone.

그 소녀는 드론을 날린다.

❼ Tom _____ soccer.

Tom은 축구를 한다.

Jack and I _____ baseball.

Jack과 나는 야구를 한다.

❽ I _____ my hands.

나는 손을 씻는다.

My brother _____ his feet.

나의 형은 발을 씻는다.

02 규칙적으로 변하는 과거 동사는 쉬워

개념 1 일반동사의 과거형(규칙 동사)에는 -(e)d를 붙여 준다

I enjoyed the party yesterday. 어제 난 파티를 즐겼어.
We talked for a long time. 우린 오랫동안 이야기를 했어.
I danced with my friends. 나는 친구들과 춤을 췄어.

위 문장에 등장하는 동사의 원형과 과거형을 비교해 보자.

enjoy → enjoyed   talk → talked   dance → danced
즐기다   즐겼다   말하다   말했다   춤을 추다   춤을 췄다

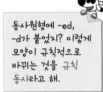
동사원형에 -ed,
-d가 붙었지? 이렇게
모양이 규칙적으로
바뀌는 것을 규칙
동사라고 해.

개념 2 규칙 동사의 과거형은 4가지 원리만 알면 된다

❶ 대부분은 동사원형에 -ed를 붙인다.

help + ed → helped   want + ed → wanted   call + ed → ¹_____
도왔다   원했다   불렀다

❷ e로 끝나면 -d만 붙인다.

smile + d → smiled   live + d → lived   close + d → ²_____
웃었다   살았다   닫았다

❸ 자음 + y로 끝나면 y를 i로 바꾼 뒤 -ed를 붙인다.

study + ed → studied   carry + ed → carried   bury + ed → ³_____
공부했다   옮겼다   묻었다

❹ 단모음 + 단자음으로 끝나면 끝의 자음을 한 번 더 쓰고 -ed를 붙인다.

hug + ed → hugged   stop + ed → stopped   hop + ed → ⁴_____
껴안았다   멈췄다   깡총 뛰었다

정답 1. called 2. closed 3. buried 4. hopped

규칙 동사의 과거형을 만드는 4가지 유형 알기

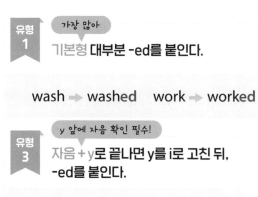

유형 1 가장 많아
기본형 대부분 -ed를 붙인다.

wash ➡ washed　work ➡ worked

유형 2 동사 끝에 e 확인하기
e로 끝나면 -d만 붙인다.

hope ➡ hoped　like ➡ liked

유형 3 y 앞에 자음 확인 필수!
자음 + y로 끝나면 y를 i로 고친 뒤, -ed를 붙인다.

cry ➡ cried　try ➡ tried

유형 4 단모음 + 단자음으로 끝나면 끝의 자음을 한 번 더 쓰고 -ed를 붙인다.

plan ➡ planned　drop ➡ dropped

 동사를 과거형으로 바꾸세요.

유형 1
❶ work
일하다

❷ clean
청소하다

❸ stay
머물다

유형 2
❶ like
좋아하다

❷ dance
춤추다

❸ live
살다

유형 3
❶ cry
울다

❷ try
노력하다

❸ hurry
서두르다

❹ study
공부하다

❺ carry
나르다

❻ bury
묻다

유형 4
❶ drop
떨어뜨리다

❷ shop
쇼핑하다

❸ hug
껴안다

❹ clap
박수 치다

❺ stop
멈추다

❻ plan
계획하다

현재형을 과거형으로 바꾸기

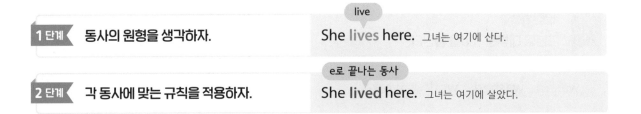

1 단계 동사의 원형을 생각하자.

live
She **lives** here. 그녀는 여기에 산다.

2 단계 각 동사에 맞는 규칙을 적용하자.

e로 끝나는 동사
She **lived** here. 그녀는 여기에 살았다.

💡 3인칭 단수 동사의 현재형을 과거형으로 바꾸세요.

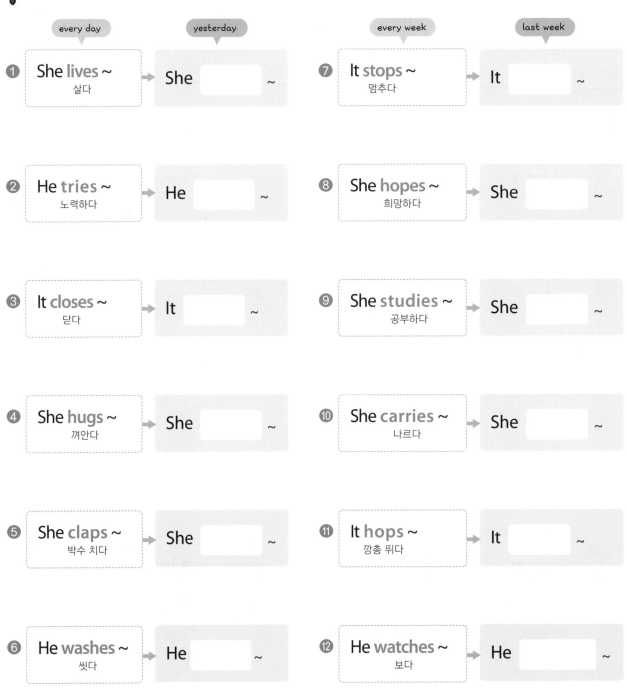

every day | yesterday | every week | last week

❶ She **lives** ~
살다
→ She ☐ ~

❼ It **stops** ~
멈추다
→ It ☐ ~

❷ He **tries** ~
노력하다
→ He ☐ ~

❽ She **hopes** ~
희망하다
→ She ☐ ~

❸ It **closes** ~
닫다
→ It ☐ ~

❾ She **studies** ~
공부하다
→ She ☐ ~

❹ She **hugs** ~
껴안다
→ She ☐ ~

❿ She **carries** ~
나르다
→ She ☐ ~

❺ She **claps** ~
박수 치다
→ She ☐ ~

⓫ It **hops** ~
깡총 뛰다
→ It ☐ ~

❻ He **washes** ~
씻다
→ He ☐ ~

⓬ He **watches** ~
보다
→ He ☐ ~

주어진 동사를 이용해 우리말에 알맞은 문장을 완성하세요.

| hug | clap | like | stop | wash | work | close | study |

현재 시제 (~하다)	과거 시제 (~했다)

① They   work   hard.
그들은 열심히 일한다.

They   worked   late.
그들은 늦게까지 일했다.

② The bus   here.
그 버스는 여기서 멈춘다.

The bus   again.
그 버스는 다시 멈췄다.

③ I   the door.
나는 문을 닫는다.

I   the window.
나는 창문을 닫았다.

④ They   their hands.
그들은 박수를 친다.

They   at that time.
그들은 그때 박수를 쳤다.

⑤ My father   his car.
아버지는 세차를 하신다.

My father   his hands.
아버지는 손을 씻으셨다.

⑥ The boy   his mother.
소년은 그의 엄마를 껴안는다.

The boy   his pet.
소년은 그의 반려동물을 껴안았다.

⑦ We   English.
우리는 영어를 공부한다.

We   math.
우리는 수학을 공부했다.

⑧ He   his mother.
그는 그의 엄마를 좋아한다.

He   his pet.
그는 그의 반려동물을 좋아했다.

03 자주 쓰는 동사 중에 불규칙하게 변하는 동사가 많아

개념 1 제멋대로 변하는 동사도 있다

I met my friends. 나는 친구들을 만났어.
We saw a movie. 우리는 영화를 봤어.
We had a good time. 우리는 무척 즐거웠어.

위 문장에 등장하는 동사의 원형과 과거형을 비교해 보자.

meet ➡ met	see ➡ saw	have ➡ had
만나다 만났다	보다 보았다	가지다 가졌다

> 규칙을 찾을 수 없지? 이렇게 제멋대로 변하는 동사들을 불규칙 동사라고 해.

개념 2 불규칙 동사의 과거형은 비슷한 유형끼리 외우자

❶ 동사원형과 과거형이 같은 경우

cut ➡ cut	hit ➡ hit	let ➡ ¹_____
잘랐다	쳤다	시켰다

> 걱정하지 마! 불규칙 동사는 비슷한 유형으로 구분해서 나올 때마다 손과 입으로 함께 외우면 돼.

❷ 동사원형과 과거형이 다른 경우

say ➡ said	eat ➡ ate	have ➡ ²_____
말했다	먹었다	가졌다

❸ 동사원형과 과거형이 닮은 경우

run ➡ ran	swim ➡ swam	build ➡ ³_____
달렸다	수영했다	지었다

정답 1. let 2. had 3. built

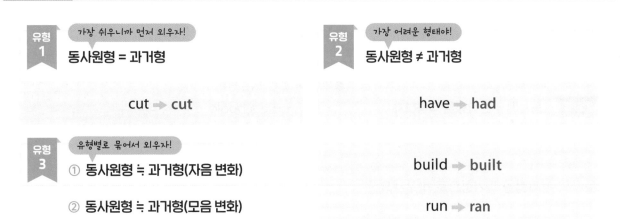

유형 1 · 가장 쉬우니까 먼저 외우자!
동사원형 = 과거형

cut → cut

유형 2 · 가장 어려운 형태야!
동사원형 ≠ 과거형

have → had

유형 3 · 유형별로 묶어서 외우자!
① **동사원형 ≒ 과거형(자음 변화)**
② **동사원형 ≒ 과거형(모음 변화)**

build → built

run → ran

💡 동사의 과거형을 보고 따라 쓰면서 외우세요.

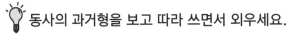

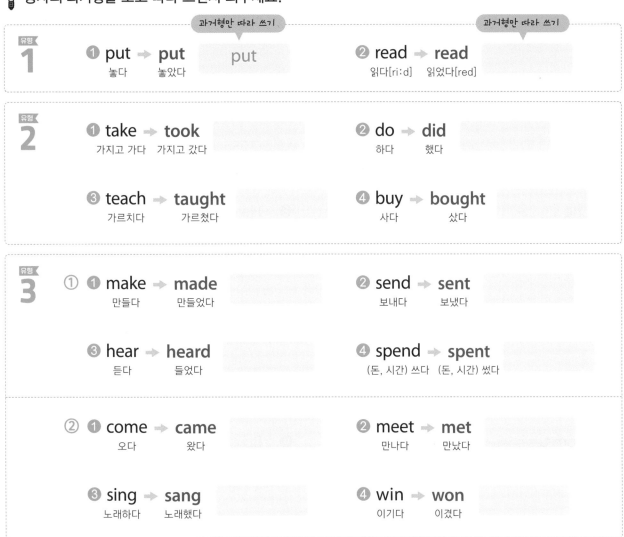

유형 1

과거형만 따라 쓰기

❶ put → put
놓다   놓았다

put

과거형만 따라 쓰기

❷ read → read
읽다[ri:d] 읽었다[red]

유형 2

❶ take → took
가지고 가다 가지고 갔다

❷ do → did
하다   했다

❸ teach → taught
가르치다   가르쳤다

❹ buy → bought
사다   샀다

유형 3

① ❶ make → made
만들다   만들었다

❷ send → sent
보내다   보냈다

❸ hear → heard
듣다   들었다

❹ spend → spent
(돈, 시간) 쓰다 (돈, 시간) 썼다

② ❶ come → came
오다   왔다

❷ meet → met
만나다   만났다

❸ sing → sang
노래하다   노래했다

❹ win → won
이기다   이겼다

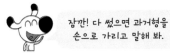

잠깐! 다 썼으면 과거형을
손으로 가리고 말해 봐.

틀린 것은 표시해 두고,
여러 번 읽고 써 봐!

더 많은 불규칙 동사 연습은
특별 부록에서 연습하자!

현재형을 과거형으로 바꾸기

		make
1 단계	동사의 원형을 생각하자.	I make a book. 나는 책을 만든다.

		동사원형 ≒ 과거형(자음 변화)
2 단계	동사에 맞는 유형을 적용하자.	I made a book. 나는 책을 만들었다.

💡 동사의 현재형을 과거형으로 바꾸세요.

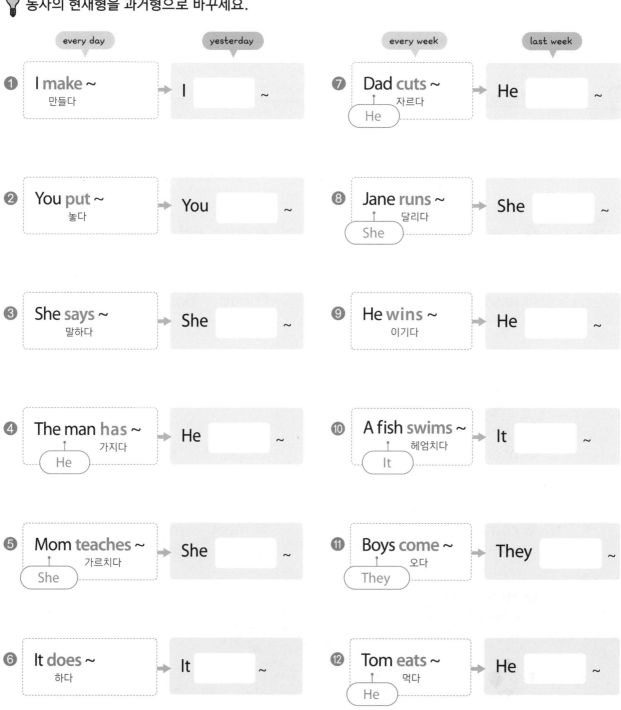

❶ I make ~
만들다
→ I _____ ~

❷ You put ~
놓다
→ You _____ ~

❸ She says ~
말하다
→ She _____ ~

❹ The man has ~
가지다
He
→ He _____ ~

❺ Mom teaches ~
가르치다
She
→ She _____ ~

❻ It does ~
하다
→ It _____ ~

❼ Dad cuts ~
자르다
He
→ He _____ ~

❽ Jane runs ~
달리다
She
→ She _____ ~

❾ He wins ~
이기다
→ He _____ ~

❿ A fish swims ~
헤엄치다
It
→ It _____ ~

⓫ Boys come ~
오다
They
→ They _____ ~

⓬ Tom eats ~
먹다
He
→ He _____ ~

every day   yesterday   every week   last week

주어진 동사를 이용해 우리말에 알맞은 문장을 완성하세요.

do   buy   eat   come   see   have   sing   teach

현재 시제 (~하다)	과거 시제 (~했다)
❶ He _____ his best.	He _____ his best.
그는 최선을 다한다.	그는 최선을 다했다.
❷ Ellen _____ lunch.	Ellen _____ dinner.
Ellen은 점심을 먹는다.	Ellen은 저녁을 먹었다.
❸ I _____ a song.	I _____ again.
나는 노래를 부른다.	나는 다시 노래를 불렀다.
❹ The boy _____ a bike.	The boy _____ an eraser.
그 소년은 자전거를 산다.	그 소년은 지우개를 샀다.
❺ He _____ big eyes.	He _____ many friends.
그는 큰 눈을 가지고 있다(눈이 크다).	그는 친구들이 많다.
❻ She _____ English.	She _____ history.
그녀는 영어를 가르친다.	그녀는 역사를 가르쳤다.
❼ Bill _____ his bike.	Bill _____ her eyes.
Bill은 그의 자전거를 본다.	Bill은 그녀의 눈을 보았다.
❽ The girl _____ late.	The girl _____ early.
그 소녀는 늦게 온다.	그 소녀는 일찍 왔다.

04 be동사는 시제와 주어에 따라 형태가 달라져

개념 1 ▶ be동사는 '~이다'와 '(~에) 있다' 두 가지 뜻이 있다

❶ 'be동사 + 이름/직업/형용사'일 때는 '~이다'로 해석한다.

> **I am a student.** 나는 학생이다.　　**He is happy.** 그는 행복하다.

❷ 'be동사 + 장소/위치'일 때는 '(~에) 있다'로 해석한다.

> **I am at school.** 나는 학교에 있다.　　**He is in London.** 그는 런던에 있다.

개념 2 ▶ be동사는 시제와 주어에 따라 형태가 결정된다

be동사는 현재형과 과거형이 전혀 다른 모양으로 쓰여.
be동사의 현재형은 3가지 형태(am, are, is), 과거형은 2가지 형태(was, were)가 있어.

be동사 현재형	be동사 과거형
am, are, is	was, were

주어	be동사 (현재/과거)	
I	am / ¹_____	**I am here.** 나는 여기에 있다. **I was sad.** 나는 슬펐다.
you, we, they, 복수	are / ²_____	**Your hands are dirty.** (Your hands → They) 너의 손은 더럽다. **We were late.** 우리는 늦었다.
he, she, it, 3인칭 단수	is / ³_____	**The boy is here.** (The boy → He) 그 소년은 여기 있다. **The dog is smart.** (The dog → It) 그 개는 똑똑하다. **My aunt was in London.** (My aunt → She) 나의 이모는 런던에 있었다.

> am과 is의 과거형은 was, are의 과거형은 were

명사는 대명사로 바꿔서 3인칭인지,
단수인지, 복수인지 구별한다.

The boy (소년 ➡ he ➡ 3인칭 단수) + is/was

방법 2 소유격(my, our, your, his) 뒤의
명사가 단수인지, 복수인지 구별한다.

My friends (친구들 ➡ 복수) + are/were

방법 3 and로 연결된 경우
대부분 복수로 구별한다.

Ben and Ken (Ben과 Ken ➡ 복수) + are/were

 주어에 알맞은 be동사에 O표 하세요.

❶ The boy   is   were   ~

❼ People   is   are   ~

❷ The moon   is   were   ~

❽ Some boys   was   are   ~

❸ Her shoes   is   are   ~

❾ His bag   is   are   ~

❹ My friends   is   were   ~

❿ His parents   was   are   ~

❺ Your hair   is   are   ~

⓫ My hands   is   are   ~

❻ Tom and I   was   were   ~

⓬ Bob and Jack   was   were   ~

	주어가 단수일 때	주어가 복수일 때
현재 시제	The boy **is** hungry.	The boys **are** hungry.
과거 시제	The boy **was** hungry.	The boys **were** hungry.

주어에 알맞게 be동사의 현재형과 과거형을 쓰세요.

❶ We [are / were] here.

❷ The books ____ new.

❸ The bus ____ late.

❹ The tests ____ easy.

❺ Summer ____ hot.

❻ The man ____ tall.

❼ I ____ here.

❽ This pen ____ new.

❾ She ____ late.

❿ It ____ easy.

⓫ The coffee ____ hot.

⓬ The trees ____ tall.

우리말에 알맞은 be동사를 골라 문장을 완성하세요.

| am | are | is | was | were |

| **현재 시제 (~이다/~있다)** | **과거 시제 (~이었다/~있었다)** |

❶ I   tired.
나는 피곤하다(피곤한+이다).

I   tired.
나는 피곤했다(피곤한+이었다).

❷ My brother   at home.
형은 집에 있다.

My father   at work.
아버지는 근무 중이었다(직장에 있었다).

❸ Your shoes   clean.
네 신발은 깨끗하다(깨끗한+이다).

Your shirt   dirty.
네 셔츠는 더러웠다(더러운+이었다).

❹ It   in the box.
그것은 상자 안에 있다.

They   at the park.
그들은 공원에 있었다.

❺ The sky   blue.
하늘은 파랗다(파란+이다).

The dress   red.
그 드레스는 빨갰다(빨간+이었다).

❻ Her eyes   pretty.
그녀의 눈은 예쁘다(예쁜+이다).

His room   dark.
그의 방은 어두웠다(어두운+이었다).

❼ Ben   in his room.
Ben은 자기 방에 있다.

Sue and I   at school.
Sue와 나는 수업 중이었다(학교에 있었다).

❽ The cookies   sweet.
그 쿠키들은 달콤하다(달콤한+이다).

The students   hungry.
학생들은 배고팠다(배고픈+이었다).

05 부정문은 be동사 뒤에 not을 붙이고, 의문문은 be동사를 주어 앞으로 보내

앞서 배운 문장들은 '평범하게 서술하는 문장'인 평서문이야. 평서문에는 긍정문과 부정문이 있어.
이번에는 be동사의 긍정문을 부정문으로, 평서문을 의문문으로 바꿔 보는 방법을 배워 볼 거야.

개념 1 ▶ 긍정문을 부정문으로 바꾸기

be동사의 부정문은 be동사 뒤에 not을 써 주면 돼. be동사 + not은 줄여 쓰는 것이 일반적이야.

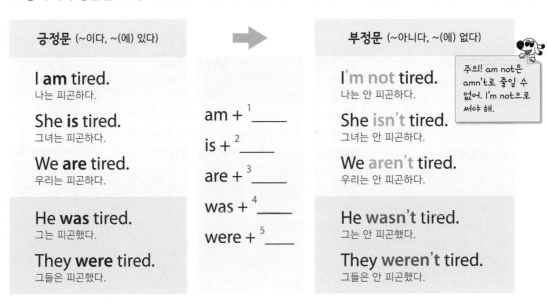

긍정문 (~이다, ~(에) 있다)

I **am** tired.
나는 피곤하다.

She **is** tired.
그녀는 피곤하다.

We **are** tired.
우리는 피곤하다.

He **was** tired.
그는 피곤했다.

They **were** tired.
그들은 피곤했다.

am + [1]_____
is + [2]_____
are + [3]_____
was + [4]_____
were + [5]_____

부정문 (~아니다, ~(에) 없다)

I'**m not** tired.
나는 안 피곤하다.

She **isn't** tired.
그녀는 안 피곤하다.

We **aren't** tired.
우리는 안 피곤하다.

He **wasn't** tired.
그는 안 피곤했다.

They **weren't** tired.
그들은 안 피곤했다.

> 주의! am not은 amn't로 줄일 수 없어. I'm not으로 써야 해.

개념 2 ▶ 평서문을 의문문으로 바꾸기

be동사의 의문문은 be동사를 주어 앞으로 옮겨 만들 수 있어. 문장의 첫 글자는 대문자로 써야 해!

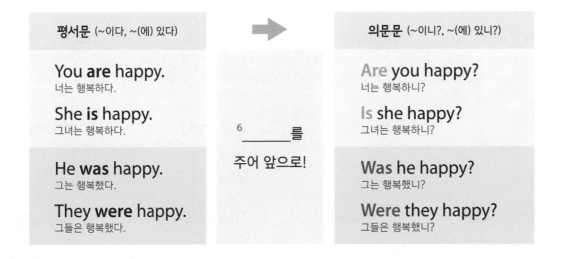

평서문 (~이다, ~(에) 있다)

You **are** happy.
너는 행복하다.

She **is** happy.
그녀는 행복하다.

He **was** happy.
그는 행복했다.

They **were** happy.
그들은 행복했다.

[6]_____를
주어 앞으로!

의문문 (~이니?, ~(에) 있니?)

Are you happy?
너는 행복하니?

Is she happy?
그녀는 행복하니?

Was he happy?
그는 행복했니?

Were they happy?
그들은 행복했니?

정답 1. not 2. not 3. not 4. not 5. not 6. be동사

1 단계 be동사 뒤에 not을 써 준다.   She is $\overset{not}{\vee}$ pretty.

2 단계 be동사 + not을 줄여 쓸 수 있다.   She isn't pretty.

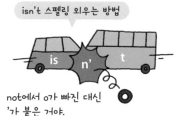
isn't 스펠링 외우는 방법
is n' t
not에서 o가 빠진 대신 '가 붙은 거야.

💡 다음 문장을 부정문으로 바꾸세요. (단, be동사 + not은 줄임말로 쓰세요.)

❶ Ellen is my friend.

→ Ellen   isn't   my friend.

Ellen은 내 친구가 아니다.

❷ We are full.

→ We _____ full.

우리는 배가 안 부르다.

❸ My mother is at work.

→ My mother _____ at work.

우리 어머니는 직장에 없다.

❹ The boxes are heavy.

→ The boxes _____ heavy.

그 상자들은 무겁지 않다.

❺ It is in my bag.

→ It _____ in my bag.

그것은 내 가방 안에 없다.

❻ They were sick.

→ They _____ sick.

그들은 아프지 않았다.

❼ I was bored.

→ I _____ bored.

나는 지루하지 않았다.

❽ The weather was hot.

→ The weather _____ hot.

날씨가 덥지 않았다.

❾ They were your shoes.

→ They _____ your shoes.

그것들은 네 신발이 아니었다.

❿ He was there on Monday.

→ He _____ there on Monday.

그는 월요일에 거기에 없었다.

| 1 단계 | be동사를 주어 앞으로 옮긴다. | She is pretty. |
| 2 단계 | 첫 글자를 대문자로 바꾸고 '?'를 맨 끝에 쓴다. | Is **she** pretty? |

 다음 문장을 의문문으로 바꾸세요.

❶ He is at home.

➔ Is he   at home?

그는 집에 있니?

❷ Mike is your brother.

➔   your brother?

Mike는 네 동생이니?

❸ This is yours.

➔   yours?

이것은 네 것이니?

❹ They are his cousins.

➔   his cousins?

그들은 그의 사촌들이니?

❺ It is cold today.

➔   cold today?

오늘 춥니?

❻ You were hungry.

➔   hungry?

너는 배가 고팠니?

❼ Your dog was cute.

➔   cute?

너의 개는 귀여웠니?

❽ She was busy.

➔   busy?

그녀는 바빴니?

❾ They were in the kitchen.

➔   in the kitchen?

그들은 주방에 있었니?

❿ Your socks were white.

➔   white?

너의 양말은 흰색이었니?

우리말에 알맞게 be동사의 부정문과 의문문을 완성하세요. (단, be동사 + not은 줄임말로 쓰세요.)

> am   are   is   was   were

현재 시제 (~아니다, ~이니?/~있니?)	과거 시제 (~아니었다, ~이었니?/~있었니?)

❶ We   busy.
우리는 바쁘지 않다.

We ☐ busy.
우리는 바쁘지 않았다.

❷   you happy?
너는 기쁘니?

☐ you sad?
너는 슬펐니?

❸ I   ready.
나는 준비가 안 되어 있다.

I ☐ tired.
나는 피곤하지 않았다.

❹   I right?
내가 맞니(옳은 거니)?

☐ I wrong?
내가 틀렸니?

❺ Ted   at home.
Ted는 집에 없다.

Ted ☐ at school.
Ted는 학교에 없었다.

❻   it nice?
그것은 멋지니?

☐ it easy?
그것은 쉬웠니?

❼ The dogs   lazy.
그 개들은 게으르지 않다.

The dogs ☐ hungry.
그 개들은 배고프지 않았다.

❽   the book new?
그 책은 새 거야?

☐ the books yours?
그 책들은 네 것이었니?

06 일반동사 부정문은 do, does, did 뒤에 not을 붙여

개념 1 ▶ 일반동사의 부정문은 do, does, did에 not을 붙인다

be동사 부정문에서 not을 붙인다고 했지?
일반동사 부정문도 not을 쓰지만
'do/does/did'와 함께 써야 해!

아래 긍정문과 부정문을 잘 비교해 봐.

'do, does'의 발음이 '두더지'를 닮았네! 두더지(do, does)를 기억하면 did는 자연스럽게 함께 생각날 거야.

		긍정문	부정문
현재	1인칭	**I cook.** 나는 요리한다.	I ¹_____ cook. 나는 요리하지 않는다. = I **don't** cook.
	3인칭	**She cooks.** 그녀는 요리한다.	She ²_____ cook. 그녀는 요리하지 않는다. = She **doesn't** cook. ↑ does는 do의 3인칭 단수형 → 주어가 3인칭 단수일 때
과거	1인칭	**I cooked.** 나는 요리했다.	I ³_____ cook. 나는 요리하지 않았다. = I **didn't** cook. ↑ did는 do의 과거형 → 과거 시제일 때
	3인칭	**She cooked.** 그녀는 요리했다.	She ⁴_____ cook. 그녀는 요리하지 않았다. = She **didn't** cook.

개념 2 ▶ do, does, did + not 뒤에는 동사원형을 쓴다

She doesn't cooks. (X) ➡ She doesn't cook. (O)

I didn't cooked. (X) ➡ I didn't cook. (O)

두(Do)
더즈(Does)
뒤에는 동사원형!

정답 ⟨ 1. do not 2. does not 3. did not 4. did not

1 단계	주어에 맞게 do, does 중 하나를 선택	I go. ➡ (do, does)
2 단계	do/does + not을 줄여서 동사 앞으로!	do not ➡ don't
3 단계	동사는 반드시 동사원형!	I don't go.

💡 **다음 문장을 부정문으로 바꾸세요.** (단, do/does + not은 줄임말로 쓰세요.)

❶ He comes home.

➔ He   doesn't come   home.

그는 집에 오지 않는다.

❷ I know you.

➔ I _____ you.

나는 너를 알지 못한다.

❸ They live in Korea.

➔ They _____ in Korea.

그들은 한국에 살지 않는다.

❹ She works hard.

➔ She _____ hard.

그녀는 열심히 일하지 않는다.

❺ It moves fast.

➔ It _____ fast.

그것은 빨리 움직이지 않는다.

❻ Tom studies here.

➔ Tom _____ here.

Tom은 여기서 공부하지 않는다.

❼ We play soccer.

➔ We _____ soccer.

우리는 축구를 하지 않는다.

❽ My mother cooks well.

➔ My mother _____ well.

나의 어머니는 요리를 잘하지 않는다.

❾ Ann watches TV.

➔ Ann _____ TV.

Ann은 TV를 보지 않는다.

❿ She knows about me.

➔ She _____ about me.

그녀는 나에 대해 알지 못한다.

1 단계	did를 선택	I **went.** ➡ (do, does, did)
2 단계	did + not을 줄여서 동사 앞으로!	did not ➡ didn't
3 단계	동사는 반드시 동사원형!	I didn't go.

💡 다음 문장을 부정문으로 바꾸세요. (단, did + not은 줄임말로 쓰세요.)

❶ I went home.

➡ I ___ didn't go ___ home.

나는 집에 가지 않았다.

❷ It stopped.

➡ It _____ .

그것은 멈추지 않았다.

❸ He ate lunch.

➡ He _____ lunch.

그는 점심을 먹지 않았다.

❹ We bought it.

➡ We _____ it.

우리는 그것을 사지 않았다.

❺ She wrote this.

➡ She _____ this.

그녀는 이것을 쓰지 않았다.

❻ We did it.

➡ We _____ it.

우리는 그것을 하지 않았다.

❼ I ran fast.

➡ I _____ fast.

나는 빠르게 달리지 않았다.

❽ You looked nice.

➡ You _____ nice.

너는 멋있어 보이지 않았다.

❾ He sang a song.

➡ He _____ a song.

그는 노래를 부르지 않았다.

❿ Ben opened the door.

➡ Ben _____ the door.

Ben은 문을 열지 않았다.

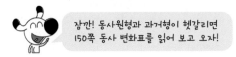

잠깐! 동사원형과 과거형이 헷갈리면
150쪽 동사 변화표를 읽어 보고 오자!

주어진 동사를 이용해 우리말에 알맞은 문장을 완성하세요.

dance   buy   go   sell   help   play   sing   work

현재 시제 (~하지 않다)	과거 시제 (~하지 않았다)

❶ She   out.
그녀는 외출하지 않는다.

She [   ] out.
그녀는 외출하지 않았다.

❷ They   hard.
그들은 열심히 일하지 않는다.

They [   ] together.
그들은 함께 일하지 않았다.

❸ She   well.
그녀는 노래를 잘 못 부른다.

She [   ] last night.
그녀는 지난밤에 노래를 안 불렀다.

❹ He   the piano.
그는 피아노를 치지 않는다.

He [   ] the guitar.
그는 기타를 치지 않았다.

❺ I   here.
나는 여기서 춤을 추지 않는다.

I [   ] with her.
나는 그녀와 춤추지 않았다.

❻ The store   pens.
그 가게는 펜을 팔지 않는다.

The store [   ] the guitar.
그 가게는 그 기타를 팔지 않았다.

❼ Andy   a pen.
Andy는 펜을 사지 않는다.

Andy [   ] an eraser.
Andy는 지우개를 사지 않았다.

❽ You   me.
너는 나를 돕지 않는다.

You [   ] them.
너는 그들을 돕지 않았다.

07 일반동사 의문문은 Do, Does, Did를 주어 앞에 써

개념 1 일반동사의 의문문은 do, does, did를 주어 앞에 써 준다

일반동사의 부정문을 만들 때 두더지(do, does)를 기억하라고 했지?
의문문을 만들 때도 두더지(do, does)를 기억해야 해.

아래 평서문과 의문문을 잘 비교해 봐.

	평서문	의문문
현재	You cook. 너는 요리한다.	1 _____ you cook? 너는 요리하니?
	She cooks. 그녀는 요리한다.	2 _____ she cook? 그녀는 요리하니? (does는 do의 3인칭 단수형 → 주어가 3인칭 단수일 때)
과거	You cooked. 너는 요리했다.	3 _____ you cook? 너는 요리했니? (did는 do의 과거형 → 과거 시제일 때)
	He cooked. 그는 요리했다.	4 _____ he cook? 그는 요리했니?

평서문에서 의문문으로 문장을 바꿀 때 공통적으로 붙여 주는 게 있지?
맞아! '도/does/did'야! 꼭 기억해 둬.

개념 2 일반동사의 의문문 만들기

❶ 주어와 시제에 맞게 do/does/did를 선택한다.

❷ do/does/did를 주어 앞으로 보내고, 문장 첫 글자는 대문자로 바꾼다.

　Does she cook?

❸ do/does/did 뒤에는 반드시 동사원형을 쓴다.

　Did they cook?

정답 1. Do 2. Does 3. Did 4. Did

현재 시제의 의문문 만들기

1 단계 주어에 맞게 do나 does 중 하나를 선택 **She** has a cold ➡ (do, does)

2 단계 주어와 위치를 바꾸고 대문자로! does She ➡ **Does she**

3 단계 동사는 반드시 동사원형! Does she have a cold?

💡 다음 문장을 의문문으로 바꾸세요.

❶ She has a cold.

➡ Does she have a cold?

그녀는 감기에 걸렸니?

❷ She knows us.

➡　　　　　　　　us?

그녀는 우리를 아니?

❸ The boy sings well.

➡　　　　　　　　well?

그 소년은 노래를 잘하니?

❹ James tries hard.

➡　　　　　　　　hard?

James는 열심히 노력하니?

❺ You eat breakfast.

➡　　　　　　breakfast?

너는 아침을 먹니?

❻ They live in London.

➡　　　　　　　　in London?

그들은 런던에 사니?

❼ You swim every week.

➡　　　　　　　every week?

너는 매주 수영을 하니?

❽ The woman teaches English.

➡　　　　　　　　English?

그 여자는 영어를 가르치니?

❾ The bird flies away.

➡　　　　　　　　away?

그 새는 날아가 버리니?

❿ Your father washes his car.

➡　　　　　　　　his car?

너희 아버지는 세차를 하시니?

1 단계	did를 선택	You **met** him. ➡ (do, does, **did**)
2 단계	주어와 위치를 바꾸고 대문자!	did You ➡ **Did you**
3 단계	Did 뒤에는 반드시 동사원형!	**Did** you meet him?

 다음 문장을 의문문으로 바꾸세요.

❶ You met him.

➡ Did you meet him?

너는 그를 만났니?

❷ She said so.

➡   so?

그녀가 그렇게 말했니?

❸ The man taught English.

➡   English?

그 남자는 영어를 가르쳤니?

❹ They bought a bike.

➡   a bike?

그들은 자전거를 샀니?

❺ The boy climbed the tree.

➡   the tree?

그 소년은 나무를 올라갔니?

❻ He came early.

➡   early?

그는 일찍 왔니?

❼ We saw him.

➡   him?

우리가 그를 봤니?

❽ You had a headache.

➡   a headache?

너는 두통이 있었니?

❾ The girl looked happy.

➡   happy?

그 소녀는 행복해 보였니?

❿ They went to school together.

➡   ?

그들은 학교를 같이 다녔니?

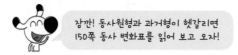

잠깐! 동사원형과 과거형이 헷갈리면
150쪽 동사 변화표를 읽어 보고 오자!

주어진 동사를 이용해 우리말에 알맞은 문장을 완성하세요.

| fix | win | have | live | stop | clean | spend | throw |

현재 시제 (~하니?)	과거 시제 (~했니?)

1 she ___ here?   ___ she ___ with you?
그녀가 여기 사니?   그녀가 너와 살았니?

2 you ___ a ball?   ___ you ___ the stone?
네가 공을 던지니?   네가 그 돌을 던졌니?

3 they ___ a medal?   ___ they ___ the game?
그들이 메달을 따요?   그들은 경기에 이겼나요?

4 he ___ a car?   ___ he ___ the house?
그는 차를 고치니?   그가 그 집을 고쳤니?

5 we ___ much time?   ___ we ___ much money?
우리가 시간을 많이 쓰나요?   우리는 돈을 많이 썼나요?

6 Jack ___ his room?   ___ Jack ___ the house?
Jack은 자기 방 청소를 하니?   Jack은 집 청소를 했니?

7 the train ___ here?   ___ the train ___ in Suwon?
그 기차가 여기 정차하니?   기차는 수원에 정차했어?

8 you ___ my ball?   ___ you ___ my umbrella?
네가 내 공을 가지고 있니?   네가 내 우산을 가지고 있었어?

08 미래 시제는 will 뒤에 동사원형을 써

개념 1 · 미래 시제는 조동사 will을 쓴다

미래 시제는 미래의 계획이나 앞으로 일어날 일을 나타낼 때 써.
주어의 수나 인칭에 관계없이 모두 will + 동사원형을 쓰면 돼.

> I will meet them. 나는 그들을 만날 것이다.

개념 2 · 긍정문을 부정문으로 바꾸기

부정문은 will 뒤에 not을 써 주면 돼. will not은 won't로 줄여 쓸 수 있어.

긍정문 (~할 것이다)		부정문 (~하지 않을 것이다)
I will meet them. 나는 그들을 만날 것이다. She will meet them. 그녀는 그들을 만날 것이다.	will + not (= won't)	I ¹_____ meet them. 나는 그들을 만나지 않을 것이다. She ²_____ meet them. 그녀는 그들을 만나지 않을 것이다.

개념 3 · 평서문을 의문문으로 바꾸기

의문문은 will을 주어 앞으로 옮겨 만들 수 있어.

평서문 (~할 것이다)		의문문 (~할 거니?)
You will be happy. 너는 행복할 것이다. He will be happy. 그는 행복할 것이다.	will을 주어 앞으로!	³_____ you be happy? 너는 행복할 거니? ⁴_____ he be happy? 그는 행복할 거니?

정답 1. won't 2. won't 3. Will 4. Will

cook

현재형(요리하다) ➡ cook, cooks

과거형(요리했다) ➡ cooked

미래형(요리할 것이다) ➡ will cook

💡 다음 문장을 will을 이용해서 바꾸세요.

❶ I work every day.

➜ I ⬚ will work ⬚ tomorrow.

　나는 내일 일할 것이다.

❷ You help her every day.

➜ You ⬚⬚⬚⬚ her tomorrow.

　너는 내일 그녀를 도울 것이다.

❸ She is late every day.

➜ She ⬚⬚⬚⬚ late tomorrow.

　그녀는 내일 지각할 것이다.

❹ It sings every day.

➜ It ⬚⬚⬚⬚ tomorrow.

　그것은 내일 노래할 것이다.

❺ He learns every day.

➜ He ⬚⬚⬚⬚ tomorrow.

　그는 내일 배울 것이다.

❻ We went yesterday.

➜ We ⬚⬚⬚⬚ tomorrow.

　우리는 내일 갈 것이다.

❼ He did it yesterday.

➜ He ⬚⬚⬚⬚ it tomorrow.

　그는 내일 그것을 할 것이다.

❽ We were happy yesterday.

➜ We ⬚⬚⬚⬚ happy tomorrow.

　우리는 내일 행복할 것이다.

❾ They ate lunch yesterday.

➜ They ⬚⬚⬚⬚ lunch tomorrow.

　그들은 내일 점심을 먹을 것이다.

❿ I came back yesterday.

➜ I ⬚⬚⬚⬚ back tomorrow.

　나는 내일 돌아올 것이다.

| 문장1 ▷ 부정문 (~하지 않을 것이다) | 주어 + will not (=won't) + 동사원형. |
| 문장2 ▷ 의문문 (~할 거니?) | Will + 주어 + 동사원형? |

💡 다음 문장을 will을 이용해서 바꾸세요. (단, will + not은 줄임말로 쓰세요.)

❶ He doesn't jog.

→ He won't jog tomorrow.

그는 내일 조깅을 하지 않을 것이다.

❷ I don't stay home.

→ I _____ home tomorrow.

나는 내일 집에 머물지 않을 것이다.

❸ She doesn't eat breakfast.

→ She _____ breakfast.

그녀는 아침을 먹지 않을 것이다.

❹ We weren't busy.

→ We _____ busy next week.

우리는 다음 주에 바쁘지 않을 것이다.

❺ They didn't play baseball.

→ They _____ baseball.

그들은 야구를 하지 않을 것이다.

❻ Is it sunny today?

→ Will it be sunny tomorrow?

내일 화창할까?

❼ Do you meet him?

→ ___ you ___ him later?

너는 나중에 그를 만날 거니?

❽ Does he help us?

→ ___ he ___ us later?

그가 나중에 우리를 도울 거니?

❾ Did they cook?

→ ___ they ___ again?

그들은 다시 요리를 할 거니?

❿ Did you come yesterday?

→ ___ you ___ tomorrow?

너는 내일 올 거니?

주어진 동사를 이용해 우리말에 알맞은 문장을 완성하세요. (단, will + not은 줄임말로 쓰세요.)

play   buy   fix   be   enjoy   wear   win   go

미래 시제 긍정문 (~할 것이다)	미래 시제 부정문 (~않을 것이다), 의문문 (~할 거니?)

❶ I ⬜ to the park.
나는 공원에 갈 것이다.

I ⬜ to the park.
나는 공원에 가지 않을 것이다.

❷ You ⬜ the party.
너는 파티를 즐길 것이다.

You ⬜ trip.
너는 여행을 즐기지 못할 것이다.

❸ The team ⬜ .
그 팀이 이길 것이다.

The team ⬜ .
그 팀이 이기지 않을 것이다.

❹ Alice ⬜ a hat.
Alice는 모자를 쓸 것이다.

Alice ⬜ sunglasses.
Alice는 선글라스를 쓰지 않을 것이다.

❺ He ⬜ a cake.
그는 케이크를 살 것이다.

⬜ he ⬜ an umbrella?
그는 우산을 살 거니?

❻ They ⬜ soccer.
그들은 축구를 할 것이다.

⬜ they ⬜ baseball?
그들은 야구를 할 거니?

❼ It ⬜ sunny today.
오늘은 화창할 것이다.

⬜ it ⬜ windy tomorrow?
내일은 바람이 불겠니?

❽ The man ⬜ the roof.
그 남자는 지붕을 고칠 것이다.

⬜ the man ⬜ the car?
그 남자는 차를 수리할 거니?

09 계획하고 예정된 미래에는 be going to를 써

개념 1 be going to 뒤에는 항상 동사원형을 쓴다

'~할 것이다' 라는 의미로 미래의 일을 말할 때 be going to를 쓸 수 있어.
be going to 뒤에도 항상 동사원형을 써 줘.

> **I am going to meet them.** 나는 그들을 만날 것이다.

✦주의✦ 미리 계획해서 예정되어 있는 일정을 말할 때는 will 말고 꼭 be going to를 써야 해.
I am going to meet them at 10 tomorrow. (내일 10시에 만나기로 약속한 상태)
나는 내일 10시에 그들을 만날 예정이다.

개념 2 be동사는 주어에 따라 모양이 바뀐다

주어	be동사	
I	**am**	I ^{1}____ going to meet them. 나는 그들을 만날 것이다.
you, we, they, 복수	**are**	You ^{2}____ going to meet them. 너는 그들을 만날 것이다.
he, she, it, 3인칭 단수	**is**	He ^{3}____ going to meet them. 그는 그들을 만날 것이다.

> be동사는 주어의 인칭과 수에 따라 다르게 써야 해.

개념 3 부정문으로 바꾸기

be동사 뒤에 not을 써 주면 돼. '주어 + be동사'는 줄여 쓸 수 있어.

> **I'm not going to meet them.** 나는 그들을 만나지 않을 것이다.
>
> **She's not going to meet them.** 그녀는 그들을 만나지 않을 것이다.

I am ➡ I'm
You are ➡ You're
He is ➡ He's
She is ➡ She's

개념 4 의문문으로 바꾸기

be동사를 주어 앞으로 옮겨 만들 수 있어.

> **Are you going to meet them?** 너는 그들을 만날 거니?
>
> **Is she going to meet them?** 그녀는 그들을 만날 거니?

정답 1. am 2. are 3. is

be going to로 미래 시제 표현하기

1 단계 주어에 맞게 be동사(am, are, is) 중 하나를 선택   I + am   You/We/They + are   He/She/It + is

2 단계 be going to 뒤에는 반드시 동사원형!   I am going to see

💡 다음 문장을 be going to를 이용해서 바꾸세요.

❶ I see the movie.

→ I   am going to see   the movie.

나는 영화를 볼 것이다.

❷ The train leaves at six.

→ The train   at six.

그 기차는 6시에 떠날 예정이다.

❸ Alex stays in Paris.

→ Alex   in Paris.

Alex는 파리에 머물 예정이다.

❹ I am a teacher.

→ I   a teacher.

나는 선생님이 될 것이다.

❺ They visit us.

→ They   us.

그들은 우리를 방문할 것이다.

❻ Mary gets up late.

→ Mary   late.

Mary는 늦게 일어날 것이다.

❼ He teaches history.

→ He   history.

그는 역사를 가르칠 것이다.

❽ They take a trip.

→ They   a trip.

그들은 여행을 할 예정이다.

❾ It is very cold.

→ It   very cold.

매우 추울 것이다.

❿ We have a party.

→ We   a party.

우리는 파티를 열 예정이다.

be going to로 부정문과 의문문 만들기

문장 1	부정문 (~하지 않을 것이다)	주어 + be + not + going to + 동사원형. (is/are + not은 줄이면 isn't/aren't로 쓸 수 있어요.)
문장 2	의문문 (~할 거니?)	Be + 주어 + going to + 동사원형?

💡 다음 문장을 be going to를 이용해서 바꾸세요. (단, is/are + not은 줄임말로 쓰세요.)

❶ They don't eat dinner.

→ They 〔 aren't going to eat 〕 dinner.

그들은 저녁을 먹지 않을 것이다.

❷ I don't play soccer.

→ I 〔　　　　　　　　　　〕 soccer.

나는 축구를 하지 않을 것이다.

❸ We don't go back.

→ We 〔　　　　　　　　　　〕 back.

우리는 돌아가지 않을 것이다.

❹ She isn't late.

→ She 〔　　　　　　　　　　〕 late.

그녀는 늦지 않을 것이다.

❺ You don't know this.

→ You 〔　　　　　　　　　　〕 this.

너는 이것을 모를 것이다.

❻ Are you there?

→ 〔 Are 〕 you 〔 going to be 〕 there?

너는 거기에 있을 거니?

❼ Does it snow?

→ 〔　〕 it 〔　　　　　　〕 ?

눈이 내릴 거니?

❽ Does he stay with you?

→ 〔　　〕 he 〔　　　　　　〕 with you?

그가 너와 머물 거니?

❾ Do you eat out?

→ 〔　　〕 you 〔　　　　　　〕 out?

너는 외식을 할 거니?

❿ Do they live in Spain?

→ 〔　　〕 they 〔　　　　　　〕 in Spain?

그들은 스페인에서 살 거니?

be going to로 시제에 맞게 문장 완성하기

 주어진 동사를 이용해 우리말에 알맞은 문장을 완성하세요. (단, is/are + not은 줄임말로 쓰세요.)

be   swim   talk   rain   study   eat   buy   visit

미래 시제 긍정문 (~할 것이다)	미래 시제 부정문 (~않을 것이다) / 의문문 (~할 거니?)

❶ I _____ to him.

나는 그에게 말을 할 것이다.

I _____ to you.

나는 너에게 말하지 않을 것이다.

❷ David _____ happy.

David은 기쁠 것이다.

David _____ busy.

David은 바쁘지 않을 것이다.

❸ She _____ a cap.

그녀는 야구 모자를 살 것이다.

She _____ socks.

그녀는 양말을 사지 않을 것이다.

❹ We _____ Italy.

우리는 이탈리아를 방문할 것이다.

We _____ China.

우리는 중국을 방문하지 않을 것이다.

❺ You _____ dinner.

너는 저녁을 먹을 것이다.

_____ you _____ dinner?

너는 저녁을 먹을 거니?

❻ It _____ next week.

다음 주는 비가 올 것이다.

_____ it _____ tomorrow?

내일 비가 올까?

❼ Tom _____ hard.

Tom은 열심히 공부할 것이다.

_____ Tom _____ math?

Tom은 수학을 공부할 거니?

❽ They _____ .

그들은 수영을 할 것이다.

_____ they _____ in the sea?

그들은 바다에서 수영을 할 거니?

10 단순 시제 복습

단순 시제 평서문 비교하기

 우리말에 알맞은 동사 형태로 문장을 완성하세요. (미래 시제는 will을 쓰세요.)

> run   be   come   stop   walk   build

❶ I _____ to school.

나는 걸어서 등교한다.   〈현재 시제〉

He _____ to work.

그는 걸어서 출근했다.   〈과거 시제〉

We _____ again.

우리는 다시 걸을 것이다.   〈미래 시제〉

❹ She _____ from Canada.

그녀는 캐나다 출신이다.

He _____ back.

그는 돌아왔다.

They _____ home.

그들은 집에 돌아올 것이다.

❷ He _____ with bricks.

그는 벽돌로 건축을 한다.

We _____ small houses.

우리는 작은 집들을 지었다.

They _____ new houses.

그들은 새 집들을 지을 것이다.

❺ I _____ fast.

나는 빨리 뛴다.

She _____ hard.

그녀는 열심히 달렸다.

It _____ away.

그것은 도망을 갈 것이다.

❸ It _____ sunny today.

오늘은 화창하다.

It _____ cold yesterday.

어제는 추웠다.

It _____ warm tomorrow.

내일은 따뜻할 것이다.

❻ A bus _____ here.

버스 한 대가 여기에 선다.

He _____ singing.

그는 노래 부르는 것을 멈췄다.

We _____ here today.

우리는 오늘 여기서 멈출 것이다.

우리말에 알맞은 동사 형태로 문장을 완성하세요. (단, do/does/did/will + not은 줄임말로 쓰세요.)

swim   be   stay   have   meet   go

① She _____ to school.
그녀는 학교에 다니지 않는다. 현재 시제

He _____ to the library.
그는 도서관에 가지 않았다. 과거 시제

You _____ shopping.
너는 쇼핑하러 가지 않을 것이다. 미래 시제

④ _____ you free?
너는 한가하니?

_____ they American?
그들은 미국인이었어?

_____ you _____ a singer?
너는 가수가 될 거니?

② They _____ anyone.
그들은 아무도 만나지 않는다.

I _____ him there.
나는 거기서 그를 만나지 않았다.

She _____ you again.
그녀는 너를 다시 만나지 않을 것이다.

⑤ _____ she _____ a sister?
그녀는 자매가 있니?

_____ he _____ short hair?
그는 머리가 짧았니?

_____ they _____ any money?
그들이 돈이 좀 있겠니?

③ He _____ in Korea.
그는 한국에 머물고 있지 않다.

We _____ in China.
우리는 중국에 머물지 않았다.

She _____ in New York.
그녀는 뉴욕에 머물지 않을 것이다.

⑥ _____ they _____ together?
그들은 함께 수영을 하니?

_____ you _____ yesterday?
너는 어제 수영을 했니?

_____ she _____ in the pool?
그녀가 수영장에서 수영을 할 거니?

주어진 문장을 여러 가지 시제와 문형으로 바꾸세요. (단, 부정형은 줄임말로 쓰세요.)

◀ START ▶

He teaches English.
그는 영어를 가르친다.

불규칙 동사야!

❶ 과거 시제로

He _____ .

do/does/did + not

❷ 부정문으로

He _____ .

그들은 영어를 가르치지 않았다.

❸ 주어를 they로

They _____ .

do/does/did 수정

❹ 현재 시제로

They _____ .

do/does/did + not 삭제

❺ 긍정문으로

They _____ .

3인칭 단수 현재 동사!

❻ 주어를 she로

She _____ .

do/does/did 위치

❼ 의문문으로

_____ ?

당신은 영어를 가르치세요?

❽ 주어를 you로

_____ ?

do/does/did 수정

❾ 주어를 he로

_____ ?

do/does/did 삭제, 위치

❿ 평서문으로

_____ .

◀ START ▶ 와 같은 문장인가요?

◀ END ▶

주어진 문장을 여러 가지 시제와 문형으로 바꾸세요. (단, 부정형은 줄임말로 쓰세요.)

◀ START ▶

We get up early.
우리는 일찍 일어난다.

+ will
① 미래 시제로
We _____ early.

+ not
② 부정문으로
We _____ early.

그녀는 일찍 일어나지 않을 것이다.
③ 주어를 she로
_____ early.

not 삭제!
④ 긍정문으로
She _____ early.

am/are/is going to
⑤ will 대신 be going to로
She _____ early.

be동사 위치!
⑥ 의문문으로
_____ early?

will
⑦ be going to 대신 will로
_____ early?

우리는 일찍 일어날 거니?
⑧ 주어를 we로
_____ early?

Do/Does
⑨ 현재 시제로
_____ early?

주어 + 동사
⑩ 평서문으로
We _____ early.

◀ START ▶ 와 같은 문장인가요?

◀ END ▶

PART 02

진행 시제
Progressive Tense

PART 02에서는 진행 시제를 배울 거야. 진행 시제란 '하고 있는 동작이나 상태'를
나타내는 시제야. 진행되고 있는 일을 생생하게 표현하고 싶을 때 사용해.
현재진행 시제는 초등학교 4학년부터, 과거진행 시제는 중학교 1학년부터 배워.
진행 시제는 현재진행과 과거진행 시제의 원리가 같아서 함께 배우면 더 효과적이야.

진행 시제가 뭘까?

진행 시제란, '~하고 있는 동작이나 상태'를 나타내는 시제야. '~하고 있다/ ~하고 있었다'/~하고 있을 것

이다'라는 뜻이지. 단순 시제처럼 '현재, 과거, 미래'로 나눠어.

앞서 배운 단순 시제와 새로 배울 진행 시제를 비교해 보자.

진행 시제로 쓰인 동사에서 공통적인 것을 찾아봐.

 am eating, was eating, will be eating에서 eating이 공통으로 보이지?

진행 시제 동사는 be동사와 함께 동사원형에 -ing를 붙인 형태를 써.

be동사 ＋ 동사원형-ing

이번에는 동사 watch의 여러 동사 형태를 살펴보자.

현재형	현재진행형
watches 본다	am/are/is watching 보고 있다
과거형	과거진행형
watched 봤다	was/were watching 보고 있었다

단순현재 시제에는 '늘, 항상'이라는 의미가 들어 있다면,

현재진행 시제에는 '지금 이 순간'이라는 의미가 포함되어 있어.

단순현재 (늘, 보통, 습관적으로) ~한다	현재진행 (지금, 바로 이 순간)~하고 있다
She watches TV every day. 그녀는 매일 TV를 본다.	She is watching TV now. 그녀는 지금 TV를 보고 있다.

단순과거 시제에는 '과거에 한 번'이라는 의미가 들어 있다면

과거진행 시제에는 '그때'라는 의미가 포함되어 있어.

단순과거 (과거에 한 번) ~했다	과거진행 (그때) ~하고 있었다
She watched TV yesterday. 그녀는 어제 TV를 봤다.	She was watching TV at that time. 그녀는 그때 TV를 보고 있었다.

참고 이 책에서는 미래진행 시제는 따로 연습하지 않고, 초등, 중등에서 자주 접하는 현재진행과 과거진행 시제 위주로 배워 볼 거야.

11 '동사 + -ing' 형태를 만드는 규칙을 먼저 알아야 해

먼저 퀴즈 하나! 다음 '동사원형 + ing'에서 특이한 점은?

He is coming. 그는 오고 있는 중이다.

She was sitting. 그녀는 앉아 있었다.

come은 coming이, sit은 sitting이 되었네? e는 없어지고, t는 한 번 더 쓰였어!

개념 1 　동사원형에 -ing 붙이는 규칙을 알아 보자

❶ 대부분은 동사원형 뒤에 -ing를 붙인다.

sleep + ing → sleeping	look + ing → looking	work + ing → ¹_____
자다　　　　　자고 있는	보다　　　　보고 있는	일하다　　　　일하고 있는

❷ e로 끝나는 동사는 e를 뺀 다음 -ing를 붙인다.

come + ing → coming	dance + ing → dancing	smile + ing → ²_____
오다　　　　오고 있는	춤추다　　　춤추고 있는	웃다　　　　웃고 있는

❸ 단모음+단자음으로 끝나는 동사는 마지막 자음을 한 번 더 쓰고 -ing를 붙인다.

sit + ing → sitting	cut + ing → cutting	swim + ing → ³_____
앉다　　　　앉아 있는	자르다　　　자르고 있는	수영하다　　　수영하고 있는

❹ ie로 끝나는 동사는 ie를 y로 고친 다음 -ing를 붙인다.

die + ing → dying	lie + ing → ⁴_____
죽다　　　　죽어가고 있는	거짓말하다　　거짓말하고 있는

이제 여러 동사로 직접 진행형을 만들어 보자.

정답 1. working　2. smiling　3. swimming　4. lying

'동사원형 + -ing'를 만드는 4가지 유형 알기

유형 1 가장 많아!
기본형 대부분 동사원형에 -ing를 붙인다.

wash ➡ wash**ing**   rain ➡ rain**ing**

유형 2 동사 끝에 e 확인하기
동사가 e로 끝나면 e를 빼고 -ing를 붙인다.

smil**e** ➡ smil**ing**   rid**e** ➡ rid**ing**

유형 3 -ed를 만드는 규칙과도 같아
단모음 + 단자음으로 끝나는 동사는 끝의 자음을 한 번 더 쓰고 -ing를 붙인다.

jog ➡ jog**ging**   win ➡ win**ning**

유형 4 동사 끝에 ie 확인하기
ie로 끝나는 동사는 ie를 y로 고친 뒤, -ing를 붙인다.

d**ie** ➡ d**ying**   t**ie** ➡ t**ying**

 동사원형에 -ing를 붙이세요.

유형 1
❶ rain
비가 내리다

❷ read
읽다

❸ wear
입다

유형 2
❶ ride
타다

❷ make
만들다

❸ take
가지고 가다

❹ write
쓰다

❺ use
사용하다

❻ come
오다

유형 3
❶ win
이기다

❷ clap
박수 치다

❸ run
달리다

❹ swim
수영하다

❺ shop
쇼핑하다

❻ hit
치다

유형 4
❶ die
죽다

❷ lie
거짓말하다

❸ tie
묶다

동사를 '동사원형+-ing' 형태로 바꾸기

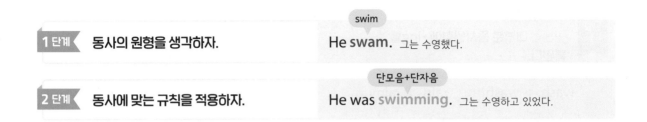

| 1 단계 | 동사의 원형을 생각하자. | swim
He swam. 그는 수영했다. |
| 2 단계 | 동사에 맞는 규칙을 적용하자. | 단모음+단자음
He was swimming. 그는 수영하고 있었다. |

 각 동사원형에 -ing를 붙여 진행 시제의 동사 형태를 완성하세요.

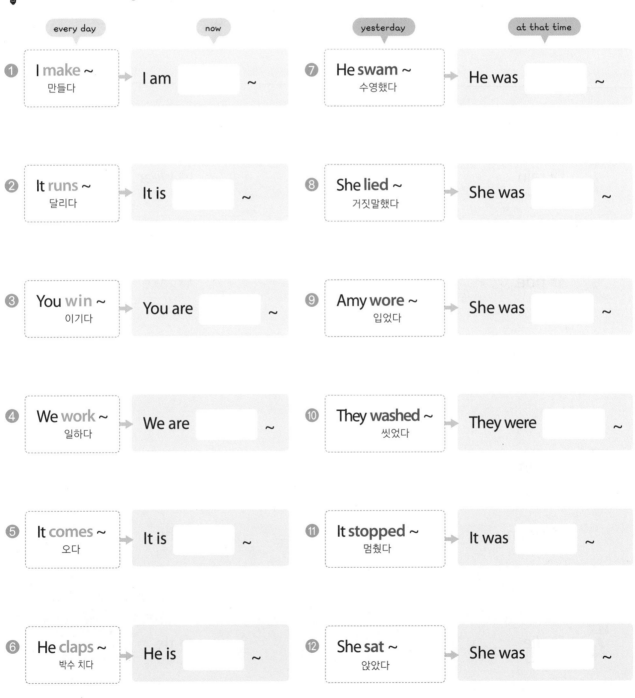

every day	now	yesterday	at that time
❶ I make ~ 만들다	→ I am ____ ~	❼ He swam ~ 수영했다	→ He was ____ ~
❷ It runs ~ 달리다	→ It is ____ ~	❽ She lied ~ 거짓말했다	→ She was ____ ~
❸ You win ~ 이기다	→ You are ____ ~	❾ Amy wore ~ 입었다	→ She was ____ ~
❹ We work ~ 일하다	→ We are ____ ~	❿ They washed ~ 씻었다	→ They were ____ ~
❺ It comes ~ 오다	→ It is ____ ~	⓫ It stopped ~ 멈췄다	→ It was ____ ~
❻ He claps ~ 박수 치다	→ He is ____ ~	⓬ She sat ~ 앉았다	→ She was ____ ~

두 문장씩 비교하며 주어진 동사를 이용해 진행 시제를 만들어 우리말에 알맞은 문장을 완성하세요.

> sit   lie   use   win   rain   ride   wash   study

❶ He is   hard.

그는 열심히 공부하고 있다.

I was   math.

나는 수학을 공부하고 있었다.

❺ They are   on the bench.

그들은 그 벤치에 앉아 있다.

He was   on the bench.

그는 그 벤치에 앉아 있었다.

❷ The team is   the game.

그 팀이 경기를 이기고 있다.

They were   the war.

그들은 전쟁을 이기고 있었다.

❻ He is   to me.

그는 내게 거짓말을 하고 있다.

They were   to each other.

그들은 서로에게 거짓말을 하고 있었다.

❸ He is   a horse.

그는 말을 타고 있다.

I was   a bike.

나는 자전거를 타고 있었다.

❼ We are   the computer.

우리는 그 컴퓨터를 쓰고 있다.

She was   my phone.

그녀는 내 전화기를 쓰고 있었다.

❹ It is   now.

지금 비가 오고 있다.

It was   at night.

밤에 비가 내리고 있었다.

❽ I am   my hands.

나는 손을 씻고 있다.

She was   her face.

그녀는 세수를 하고 있었다.

12 현재 진행되는 일에는 am, are, is가 필요해

개념 1 be동사는 주어에 따라 모양이 달라진다

현재진행 시제는 어떤 모양이지? 간략하게 정리하면

be동사(am, are, is) + 동사원형-ing

그럼, 질문 하나! be동사는 어떻게 결정해야 할까? be동사를 결정하는 것은 주어야.
현재진행형 문장을 만들려면, 다음처럼 2단계로 생각하면 쉬워.

1단계 주어에 맞는 be동사 정하기	
I	1 _____
you, we, they, 복수	2 _____
he, she, it, 3인칭 단수	3 _____

~이나/있다

+

2단계 규칙에 따라 동사원형-ing 쓰기
동사원형-ing

~하고 있는

개념 2 현재진행 시제는 지금 진행되고 있는 일을 나타낸다

현재진행 시제는 지금 진행되고 있는 일을 나타내는 거야.
습관이나 날마다 반복적으로 하는 일 또는 사실이나 진실을 나타내는 단순현재 시제와 달라.
그럼 함께 쓰는 부사 표현도 당연히 다르겠지? 그 뜻을 생각하며 다음 문장을 읽어 봐.

현재진행에 어울리는 부사: now 지금, today 오늘, right now 지금 당장

I am eating breakfast now. 나는 지금 아침을 먹고 있다.

She is coming here right now. 그녀는 지금 여기로 오고 있는 중이다.

eat

I always eat breakfast at eight. 나는 항상 8시에 아침을 먹는다.

She comes here every day. 그녀는 매일 여기에 온다.

come

단순현재에 어울리는 부사: always 항상, often 종종, every day 매일

정답 1. am 2. are 3. is

1 단계 주어와 시제에 맞는 be동사를 생각하자.

am
I go to school.

2 단계 규칙에 맞는 동사 형태로 바꾸자.

go + ing
I am going to school.

💡 현재 시제를 현재진행 시제로 바꾸세요.

❶ I go to school every day.

주어가 **I** 이므로 be동사는 (am / are / is), 동사원형 **go** +ing ➡ **going**

➡ _____ **now.** 나는 지금 학교에 가는 중이다.

❷ He watches TV in the evening.

주어가 _____ 이므로 be동사는 (am / are / is), 동사원형 _____ +ing ➡ _____

➡ _____ **now.** 그는 지금 TV를 시청하고 있는 중이다.

❸ They wash their hands.

주어가 _____ 이므로 be동사는 (am / are / is), 동사원형 _____ +ing ➡ _____

➡ _____ **right now.** 그들은 지금 바로 손을 씻고 있다.

❹ It rains every summer.

주어가 _____ 이므로 be동사는 (am / are / is), 동사원형 _____ +ing ➡ _____

➡ _____ **now.** 지금 비가 오고 있다.

❺ Jack hits the ball well.

주어가 [　　　] 이므로 be동사는 (am / are / is), 동사원형 [　　　] +ing ➡ [　　　]

➜ _____ now. Jack은 지금 공을 치고 있다.

❻ My parents work late.

주어가 [　　　] 이므로 be동사는 (am / are / is), 동사원형 [　　　] +ing ➡ [　　　]

➜ _____ now. 우리 부모님께서는 지금 일하시는 중이다.

❼ The train leaves at seven.

주어가 [　　　] 이므로 be동사는 (am / are / is), 동사원형 [　　　] +ing ➡ [　　　]

➜ _____ now. 기차는 지금 떠나고 있다.

❽ The girl writes emails.

주어가 [　　　] 이므로 be동사는 (am / are / is), 동사원형 [　　　] +ing ➡ [　　　]

➜ _____ now. 그 소녀는 지금 이메일을 쓰고 있다.

❾ You run fast.

주어가 [　　　] 이므로 be동사는 (am / are / is), 동사원형 [　　　] +ing ➡ [　　　]

➜ _____ now. 너는 지금 빨리 달리고 있다.

❿ The bird flies away.

주어가 [　　　] 이므로 be동사는 (am / are / is), 동사원형 [　　　] +ing ➡ [　　　]

➜ _____ now. 그 새는 날아가 버리고 있다.

주어진 동사를 이용해 우리말에 알맞은 문장을 완성하세요.

do   eat   cook   play   smile   sing   swim   study

단순현재 시제 (~하다)	현재진행 시제 (~하고 있다)

❶ I　　　　my best.
나는 최선을 다한다.

I　　　　my best.
나는 최선을 다하고 있다.

❷ He　　　　well.
그는 수영을 잘한다.

He　　　　now.
그는 지금 수영을 하고 있다.

❸ They　　　　well.
그들은 노래를 잘 부른다.

They　　　　together.
그들은 함께 노래를 부르고 있다.

❹ The baby　　　　at me.
그 아기는 나를 보고 웃는다.

The baby　　　　at us.
그 아기가 우리를 보고 웃고 있다.

❺ My brother　　　　math.
나의 형은 수학을 공부한다.

My brother　　　　English.
나의 형은 영어를 공부하고 있다.

❻ Ellen　　　　lunch.
Ellen은 점심을 먹는다.

Ellen　　　　dinner.
Ellen은 저녁을 먹고 있다.

❼ We often　　　　baseball.
우리는 종종 야구를 한다.

We　　　　now.
우리는 지금 야구를 하고 있다.

❽ She　　　　every day.
그녀는 매일 요리를 한다.

　　　　now.
그녀는 지금 요리를 하고 있다.

13 과거 진행되었던 일에는 was, were가 필요해

개념 1 be동사는 시제와 주어에 따라 달라진다

과거진행 시제는 어떤 모양이지? 간략하게 정리하면

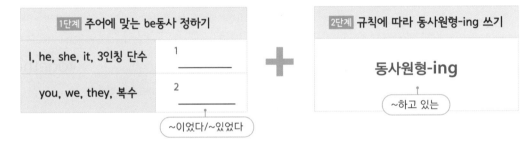

be동사(was, were) + 동사원형-ing

그럼, 질문 하나! 시제는 어떻게 알수 있을까? 시제를 결정하는 것은 be동사야.
과거진행 시제의 문장을 만들려면, 다음처럼 2단계로 생각하면 쉬워.

1단계 주어에 맞는 be동사 정하기	
I, he, she, it, 3인칭 단수	1 _____
you, we, they, 복수	2 _____

~이었다/~있었다

+

2단계 규칙에 따라 동사원형-ing 쓰기
동사원형-ing

~하고 있는

개념 2 과거진행 시제는 과거에 진행되고 있는 일을 나타낸다

과거진행 시제는 그때(과거 어느 시점에) 진행되고 있는 일을 나타내는 거야.
과거에 있었던 일이나 한 번 했던 일을 나타내는 단순과거 시제와 달라.
그 뜻을 생각하며 다음 문장을 읽어 봐.

6:40	6:50	7:00

I was coming home.
나는 집에 오는 중이었다.

과거진행

I came home at seven.
나는 7시에 집에 왔다.

단순과거

정답 1. was 2. were

과거진행 시제 문장으로 바꾸기

1 단계 주어와 시제에 맞는 be동사를 생각하자.

was

I came home.

2 단계 규칙에 맞는 동사 형태로 바꾸자.

come+ing

I was coming home.

과거 시제를 과거진행 시제로 바꿔 문장을 완성하세요.

❶ I came home.

| 주어가 | I | 이므로 be동사는 (was / were), 동사원형 | come | +ing ➡ | coming |

➡ _____. 나는 집으로 돌아오고 있었다.

❷ He took a shower.

| 주어가 | | 이므로 be동사는 (was / were), 동사원형 | | +ing ➡ | |

➡ _____. 그는 샤워 중이었다.

❸ Linda wore pants.

| 주어가 | | 이므로 be동사는 (was / were), 동사원형 | | +ing ➡ | |

➡ _____. Linda는 바지를 입고 있었다.

❹ They sang last night.

| 주어가 | | 이므로 be동사는 (was / were), 동사원형 | | +ing ➡ | |

➡ _____. 그들은 어젯밤에 노래를 부르고 있었다.

5 Jack studied hard.

주어가 [   ] 이므로 be동사는 (was / were), 동사원형 [   ] +ing ➡ [   ]

➡ _____. Jack은 열심히 공부하고 있었다.

6 My friends waited for a bus.

주어가 [   ] 이므로 be동사는 (was / were), 동사원형 [   ] +ing ➡ [   ]

➡ _____. 나의 친구들은 버스를 기다리고 있었다.

7 They did their homework.

주어가 [   ] 이므로 be동사는 (was / were), 동사원형 [   ] +ing ➡ [   ]

➡ _____. 그들은 숙제를 하고 있었다.

8 You made sandwiches.

주어가 [   ] 이므로 be동사는 (was / were), 동사원형 [   ] +ing ➡ [   ]

➡ _____. 너는 샌드위치를 만들고 있었다.

9 My brother went to school.

주어가 [   ] 이므로 be동사는 (was / were), 동사원형 [   ] +ing ➡ [   ]

➡ _____. 형은 학교에 가는 중이었다.

10 I wrote his name.

주어가 [   ] 이므로 be동사는 (was / were), 동사원형 [   ] +ing ➡ [   ]

➡ _____. 나는 그의 이름을 쓰고 있었다.

시제에 맞게 문장 완성하기

 주어진 동사를 이용해 우리말에 알맞은 문장을 완성하세요.

cut　hug　meet　ride　wear　dance　sleep　watch

단순과거 시제 (~했다)	과거진행 시제 (~하고 있었다)
❶ I　　　　in a tent. 나는 텐트에서 잤다.	I　　　　in a tent. 나는 텐트에서 자고 있었다.
❷ Ann　　　　sunglasses. Ann은 선글라스를 썼다.	Ann　　　　glasses. Ann은 안경을 쓰고 있었다.
❸ They　　　　well. 그들은 춤을 잘 췄다.	They　　　　together. 그들은 함께 춤을 추고 있었다.
❹ We　　　　him yesterday. 우리는 어제 그를 만났다.	We　　　　her yesterday. 우리는 어제 그녀를 만나고 있었다.
❺ You　　　　onions. 네가 양파를 잘랐다.	You　　　　potatoes. 너는 감자를 자르고 있었다.
❻ They　　　　TV. 그들은 TV를 봤다.	They　　　　the movie. 그들은 영화를 보고 있었다.
❼ Bill　　　　his mother. Bill은 그의 엄마를 껴안았다.	Bill　　　　his dog. Bill은 그의 개를 안고 있었다.
❽ The boy　　　　a bike. 그 소년은 자전거를 탔다.	The boy　　　　a horse. 그 소년은 말을 타고 있었다.

14 진행 시제 부정문은 be동사 뒤에 not을 붙여

개념 1 진행 시제 부정문은 be동사 뒤에 not을 붙여 준다

진행형 동사에는 be동사가 있으니 be동사의 부정문을 만드는 방법과 같아!
진행 시제의 부정문을 만들 때는 be동사 뒤에 not을 붙여 줘.

'be동사+not'은 보통 간단히 줄여서 써.

개념 2 현재진행 시제 부정문 만들기

긍정문 (~하고 있다)

I am dancing.
나는 춤추고 있다.

She is dancing.
그녀는 춤추고 있다.

They are dancing.
그들은 춤추고 있다.

am + ¹_____
is + ²_____
are + ³_____

부정문 (~하지 않고 있다)

I'm not dancing.
나는 춤추고 있지 않다.

She isn't dancing.
그녀는 춤추고 있지 않다.

They aren't dancing.
그들은 춤추고 있지 않다.

> I am not은
> I'm not으로
> 줄여 줘.

개념 3 과거진행 시제 부정문 만들기

긍정문 (~하고 있었다)

He was dancing.
그는 춤추고 있었다.

We were dancing.
우리는 춤추고 있었다.

was + ⁴_____
were + ⁵_____

부정문 (~하고 있지 않았다)

He wasn't dancing.
그는 춤추고 있지 않았다.

We weren't dancing.
우리는 춤추고 있지 않았다.

정답 1. not 2. not 3. not 4. not 5. not

1 단계	주어와 시제에 맞는 be동사를 생각하자.	was I didn't hit the ball.
2 단계	be동사 뒤에 not을 붙이고 줄이자.	was + not I wasn't hit the ball.
3 단계	규칙에 맞는 동사 형태로 바꾸자.	hit + ing I wasn't hitting the ball.

💡 진행시제 부정문을 완성하세요. (단, be동사 + not은 줄임말로 쓰세요.)

① I didn't hit the ball.

주어가 [I], 시제는 (현재 / ⟨과거⟩)이므로 be동사는 [was] + not 동사원형 [hit] +ing ➡ [hitting]

➡ _____. 나는 그 공을 치고 있지 않았다.

② He doesn't watch TV.

주어가 [   ], 시제는 (현재 / 과거)이므로 be동사는 [   ] + not 동사원형 [   ] +ing ➡ [   ]

➡ _____. 그는 TV를 시청하고 있지 않다.

③ They don't wash their hands.

주어가 [   ], 시제는 (현재 / 과거)이므로 be동사는 [   ] + not 동사원형 [   ] +ing ➡ [   ]

➡ _____. 그들은 손을 씻고 있지 않다.

④ It doesn't rain every day.

주어가 [   ], 시제는 (현재 / 과거)이므로 be동사는 [   ] + not 동사원형 [   ] +ing ➡ [   ]

➡ _____ **now.** 지금 비가 오고 있지 않다.

❺ Jack didn't study hard.

주어가 [   ] , 시제는 (현재 / 과거)이므로 be동사는 [   ] + not 동사원형 [   ] +ing ➡ [   ]

➡ _____. Jack은 열심히 공부하고 있지 않았다.

❻ My parents don't work late.

주어가 [   ] , 시제는 (현재 / 과거)이므로 be동사는 [   ] + not 동사원형 [   ] +ing ➡ [   ]

➡ _____ **now.** 우리 부모님은 지금 일하고 있는 중이 아니다.

❼ You didn't do your homework.

주어가 [   ] , 시제는 (현재 / 과거)이므로 be동사는 [   ] + not 동사원형 [   ] +ing ➡ [   ]

➡ _____. 너는 숙제를 안 하고 있었다.

❽ The train doesn't leave at seven.

주어가 [   ] , 시제는 (현재 / 과거)이므로 be동사는 [   ] + not 동사원형 [   ] +ing ➡ [   ]

➡ _____ **now.** 그 기차는 지금 안 떠나고 있다.

❾ We don't run fast.

주어가 [   ] , 시제는 (현재 / 과거)이므로 be동사는 [   ] + not 동사원형 [   ] +ing ➡ [   ]

➡ _____ **now.** 우리는 지금 빨리 안 달리고 있다.

❿ She didn't write her name.

주어가 [   ] , 시제는 (현재 / 과거)이므로 be동사는 [   ] + not 동사원형 [   ] +ing ➡ [   ]

➡ _____. 그녀는 그녀의 이름을 안 쓰고 있었다.

주어진 동사를 이용해 우리말에 알맞은 문장을 완성하세요. (단, be동사 + not은 줄임말로 쓰세요.)

do play help take win wear clean drink

현재진행 시제 (~하고 있지 않다)	과거진행 시제 (~하고 있지 않았다)
❶ You _____ us. 너는 우리를 안 도와주고 있다.	You [ ] us. 너는 우리를 안 도와주고 있었다.
❷ I _____ the house. 나는 집 청소를 안 하고 있다.	I [ ] the room. 나는 집 청소를 안 하고 있다.
❸ She _____ a hat. 그녀는 모자를 안 쓰고 있다.	She [ ] glasses. 그녀는 안경을 안 쓰고 있었다.
❹ He _____ his homework. 그는 숙제를 안 하고 있다.	He [ ] his best. 그는 최선을 다하고 있지 않았다.
❺ We _____ now. 우리가 지금 이기고 있지 않다.	We [ ] yesterday. 우리는 어제 이기고 있지 않았다.
❻ He _____ the piano. 그는 피아노를 안 치고 있다.	He [ ] the guitar. 그는 기타를 안 치고 있었다.
❼ Ann _____ any milk. Ann은 어떤 우유도 안 마시고 있다.	Ann [ ] any juice. Ann은 어떤 주스도 안 마시고 있었다.
❽ Jack _____ a shower. Jack은 샤워를 안 하고 있다.	Jack [ ] a bath. Jack은 목욕을 안 하고 있었다.

15 진행 시제 의문문은 be동사를 주어 앞에 써

개념 1 진행 시제의 의문문은 be동사를 주어 앞에 써 준다

이번에는 물어보는 문장, 의문문을 배워 보자.
진행 시제 동사형에도 be동사가 있으니, be동사를 이용해 의문문을 만들어야 해.

진행 시제에서도 be동사를 주어 앞으로 옮겨 의문문을 만들면 돼.
문장의 첫 글자는 반드시 대문자로 써야 해!

개념 2 현재진행 시제 의문문 만들기

평서문 (~하고 있다)		의문문 (~하고 있니?)
I am running. 나는 달리고 있다.	be동사를 주어 앞으로!	¹_____ I running? 나는 달리고 있니?
She is running. 그녀는 달리고 있다.		²_____ she running? 그녀는 달리고 있니?
They are running. 그들은 달리고 있다.		³_____ they running? 그들은 달리고 있니?

> 문장의 첫 글자는 반드시 대문자로 써야 해!

개념 3 과거진행 시제 의문문 만들기

평서문 (~하고 있었다)		의문문 (~하고 있었니?)
He was running. 그는 달리고 있었다.	be동사를 주어 앞으로!	⁴_____ he running? 그는 달리고 있었니?
We were running. 우리는 달리고 있었다.		⁵_____ we running? 우리는 달리고 있었니?

정답 1. Am 2. Is 3. Are 4. Was 5. Were

1 단계 주어와 시제에 맞는 be동사를 생각하자.　　were　Did you go to school?

2 단계 be동사를 주어 앞으로 보내자.　　Were you go to school?

3 단계 규칙에 맞는 동사 형태로 바꾸자.　　go+ing　Were you going to school?

💡 진행 시제 의문문을 완성하세요.

❶ Did you go to school?

주어가　you　, 시제는 (현재 / 과거)이므로 be동사　were　를 맨 앞으로, 동사원형　go　+ing ➡　going

➡ _____? 너는 학교에 가는 중이었니?

❷ Does Jack hit a ball?

주어가　　　　, 시제는 (현재 / 과거)이므로 be동사　　　　를 맨 앞으로, 동사원형　　　　+ing ➡

➡ _____? Jack은 공을 치고 있니?

❸ Did they live here?

주어가　　　　, 시제는 (현재 / 과거)이므로 be동사　　　　를 맨 앞으로, 동사원형　　　　+ing ➡

➡ _____? 그들은 여기에서 살고 있었니?

❹ Does the girl write emails?

주어가　　　　, 시제는 (현재 / 과거)이므로 be동사　　　　를 맨 앞으로, 동사원형　　　　+ing ➡

➡ _____? 그 소녀는 이메일을 쓰고 있니?

❺ Did he take the bus?

주어가 [ ], 시제는 (현재 / 과거)이므로 be동사 [ ]를 맨 앞으로, 동사원형 [ ] +ing ➡ [ ]

➡ _____? 그는 그 버스를 타고 있었니?

❻ Did your friends wait for you?

주어가 [ ], 시제는 (현재 / 과거)이므로 be동사 [ ]를 맨 앞으로, 동사원형 [ ] +ing ➡ [ ]

➡ _____? 네 친구들은 너를 기다리고 있었니?

❼ Do you feed the dog?

주어가 [ ], 시제는 (현재 / 과거)이므로 be동사 [ ]를 맨 앞으로, 동사원형 [ ] +ing ➡ [ ]

➡ _____? 너는 그 개에게 먹이를 주고 있니?

❽ Does it rain hard?

주어가 [ ], 시제는 (현재 / 과거)이므로 be동사 [ ]를 맨 앞으로, 동사원형 [ ] +ing ➡ [ ]

➡ _____now? 지금 비가 세차게 오고 있니?

❾ Do they do their homework?

주어가 [ ], 시제는 (현재 / 과거)이므로 be동사 [ ]를 맨 앞으로, 동사원형 [ ] +ing ➡ [ ]

➡ _____? 그들은 숙제를 하고 있니?

❿ Did you make pancakes?

주어가 [ ], 시제는 (현재 / 과거)이므로 be동사 [ ]를 맨 앞으로, 동사원형 [ ] +ing ➡ [ ]

➡ _____? 너는 팬케이크를 만들고 있었니?

주어진 동사를 이용해 우리말에 알맞은 문장을 완성하세요.

| call | eat | use | read | tell | cook | learn | sleep |

현재진행 시제 (~하고 있니?)	과거진행 시제 (~하고 있었니?)

❶ they　　　　hard?　　　　☐ they ☐ hard?
그들은 열심히 배우고 있니?　　　　그들이 열심히 배우고 있었니?

❷ he　　　　the computer?　　　　☐ he ☐ your phone?
그가 그 컴퓨터를 쓰고 있니?　　　　그가 네 전화기를 쓰고 있었니?

❸ she　　　　the truth?　　　　☐ she ☐ a lie?
그녀는 진실을 말하고 있니?　　　　그녀는 거짓말을 하고 있었니?

❹ Jack　　　　his mother?　　　　☐ Jack ☐ you?
Jack은 엄마에게 전화하고 있니?　　　　Jack은 너에게 전화하고 있었니?

❺ Ann　　　　lunch?　　　　☐ Ann ☐ breakfast?
Ann은 점심을 먹고 있니?　　　　Ann은 아침을 먹고 있었니?

❻ you　　　　a book?　　　　☐ you ☐ a newspaper?
너는 책을 읽고 있니?　　　　너는 신문을 읽고 있었니?

❼ the baby　　　　now?　　　　☐ the baby ☐ yesterday?
그 아기는 지금 자고 있니?　　　　그 아기는 어제 자고 있었니?

❽ your father　　　　now?　　　　☐ your father ☐ dinner?
너희 아버지는 지금 요리 중이시니?　　　　너희 아버지가 저녁을 요리하고 계셨니?

16 진행 시제 복습

 주어진 동사를 이용해 우리말에 알맞은 문장을 완성하세요.

sit   come   look   read   build

현재진행 (~하고 있다)	과거진행 (~하고 있었다)

①

She　is coming　now.
그녀는 지금 오고 있다.

They　are coming　from Canada.
그들은 캐나다에서 오고 있는 중이다.

A truck　　　　　　.
트럭이 오고 있는 중이었다.

We　　　　　back.
우리는 돌아오는 중이었다.

②

I　　　　　here alone.
나는 여기 혼자 앉아 있다.

We　　　　　on the bench.
우리는 벤치에 앉아 있다.

He　　　　　next to me.
그는 내 옆에 앉아 있었다.

They　　　　　on the road.
그들은 길 위에 앉아 있었다.

③

They　　　　　new houses.
그들은 새 집들을 짓고 있다.

He　　　　　with bricks.
그는 벽돌로 건축을 하고 있다.

They　　　　　small houses.
그들은 작은 집들을 짓고 있었다.

She　　　　　her house.
그녀는 그녀의 집을 짓고 있었다.

④

He　　　　　at me.
그는 나를 쳐다보고 있다.

We　　　　　at the duck.
우리는 그 오리를 쳐다보고 있다.

I　　　　　at the screen.
나는 스크린을 쳐다보고 있었다.

My friends　　　　　at him.
내 친구들은 그를 쳐다보고 있었다.

⑤

I　　　　　a comic book.
나는 만화책을 읽고 있다.

My father　　　　　a book.
아버지는 책을 읽고 계신다.

They　　　　　a blog.
그들은 블로그를 읽고 있었다.

The boy　　　　　aloud.
그 소년은 큰 소리로 읽고 있었다.

주어진 동사를 이용해 우리말에 알맞은 문장을 완성하세요. (단, be동사＋not은 줄임말로 쓰세요.)

eat   move   wash   sleep   smile   watch

현재진행 (~하고 있지 않다)	과거진행 (~하고 있지 않았다)

①

I am not sleeping now.
나는 지금 안 자고 있다.

The dog isn't sleeping .
그 개는 안 자고 있다.

They _____ at that time.
그들은 그때 자고 있지 않았다.

He _____ at night.
그는 밤에 자고 있지 않았다.

②

We _____ a movie.
우리는 영화를 안 보고 있다.

The man _____ TV.
그 남자는 TV를 안 보고 있다.

I _____ the show.
나는 쇼를 관람하고 있지 않았다.

The woman _____ the dog.
그녀는 그 개를 지켜보고 있지 않았다.

③

I _____ my hands.
나는 손을 안 움직이고 있다.

The snake _____ now.
그 뱀은 지금 안 움직이고 있다.

The clouds _____ .
구름이 안 움직이고 있었다.

The car _____ forward.
그 차는 앞으로 움직이지 않고 있었다.

④

I _____ anything.
나는 아무것도 안 먹고 있다.

My sister _____ lunch.
여동생은 점심을 안 먹고 있다.

The horse _____ carrots.
그 말은 당근을 먹고 있지 않았다.

Your friends _____ lunch.
네 친구들은 점심을 먹고 있지 않았다.

⑤

He _____ at me.
그는 나를 보고 웃지 않고 있다.

They _____ at each other.
그들은 서로에게 웃지 않고 있다.

I _____ at you.
나는 너를 보고 웃고 있지 않았다.

You _____ at us.
너는 우리를 보고 웃고 있지 않았다.

⑥

I _____ my hands.
나는 손을 안 씻고 있다.

The girl _____ her face.
그 소녀는 얼굴을 안 씻고 있다.

My mother _____ the dishes.
엄마는 설거지를 하고 있지 않았다.

My brother _____ .
오빠는 그 개를 씻기고 있지 않았다.

주어진 동사를 이용해 우리말에 알맞은 문장을 완성하세요.

| do | cut | draw | play | swim | close |

현재진행 (~하고 있니?)	과거진행 (~하고 있었니?)

①

you ___ a picture?
너는 그림을 그리고 있니?

___ you ___ me?
너는 나를 그리고 있었니?

she ___ the moon?
그녀는 달을 그리고 있니?

___ Tom ___ his mother?
Tom은 그의 엄마를 그리고 있었니?

②

he ___ the guitar?
그는 기타를 연주하고 있니?

___ they ___ soccer?
그들은 축구를 하고 있었니?

I ___ the piano?
내가 피아노를 연주하고 있는 거니?

___ you ___ baseball?
너는 야구를 하고 있었니?

③

you ___ the cake?
네가 그 케이크를 자르고 있니?

___ the boy ___ the grass?
그 소년은 풀을 깎고 있었니?

Ben ___ the paper?
Ben이 종이를 자르고 있니?

___ they ___ the trees?
그들은 나무를 베고 있었니?

④

she ___ her homework?
그녀는 숙제를 하고 있니?

___ your father ___ exercise?
너희 아버지는 운동을 하고 계셨니?

you ___ your best?
너는 최선을 다하고 있니?

___ his mother ___ housework?
그의 어머니는 집안일을 하고 계셨니?

⑤

the man ___ the door?
그 남자는 문을 닫고 있니?

___ he ___ the book?
그는 책을 덮고 있었니?

you ___ your eyes?
너는 눈을 감고 있니?

___ they ___ the windows?
그들은 창문을 닫고 있었니?

⑥

Ted ___ now?
Ted는 지금 수영을 하고 있니?

___ the children ___ ?
그 아이들은 수영을 하고 있었니?

they ___ here?
그들은 여기에서 수영을 하고 있니?

___ you ___ in the sea?
너는 바다에서 수영을 하고 있었니?

주어진 동사를 이용해 우리말에 알맞은 문장을 완성하세요. (단, be동사+not은 줄임말로 쓰세요.)

| sleep | come | cry | rain | swim |

◀ START ▶

❶ 나는 수영을 하고 있다.

I _am swimming._

❷ 너는 수영을 하고 있니?

_____?

❸ 그는 수영을 안 하고 있었다.

He _____.

❻ 그는 안 자고 있다.

He _____.

❺ 그녀는 자고 있니?

_____?

❹ 그들은 자고 있었다.

They _____.

❼ 비가 안 내리고 있다.

It _____.

❽ 비가 내리고 있었니?

_____?

❾ 비가 내리고 있었다.

It _____.

⓬ 그녀는 안 울고 있다.

She _____.

⓫ 그들은 울고 있니?

_____?

❿ 우리는 울고 있었다.

We _____.

⓭ 그들은 오고 있었다.

They _____.

⓮ 그는 오고 있니?

_____?

⓯ 그녀는 안 오고 있다.

She _____.

◀ END ▶

17 단순/진행 시제 모아서 총정리 1

01 긍정문 시제 정리하기

💡 시제에 알맞은 동사 형태로 표를 완성하세요.

❶ walk	단순 시제 (~하다)	진행 시제 (~하고 있다)
현재	I walk to school. She _____ to school.	I am walking to school. She _____ to school.
과거	He walked to school. They _____ to school.	He was walking to school. They _____.
미래	I _____ to school.	I will be walking to school.

❷ study	단순 시제 (~하다)	진행 시제 (~하고 있다)
현재	I _____ hard. We _____ hard.	I _____ hard. We _____.
과거	He _____ hard. They _____ hard.	He _____ hard. They _____.
미래	I _____ hard.	I will be studying hard.

❸ make	단순 시제 (~하다)	진행 시제 (~하고 있다)
현재	She _____ pancakes. We _____ pancakes.	She _____ pancakes. We _____.
과거	He _____ pancakes. They _____ pancakes.	He _____ pancakes. They _____.
미래	I _____ pancakes.	I will be making pancakes.

보기 처럼 시제에 맞는 동사 형태로 문장을 완성하세요.

보기 **ride**
- Every day, I ride a bike.
- Yesterday, I **rode** a bike.
- Now, I am riding a bike.

---

① **draw**

Every day, I _____ a picture.

Yesterday, I _____ a picture.

Now, I _____ a picture.

④ **build**

Every day, I _____ blocks.

Yesterday, I _____ blocks.

Now, I _____ blocks.

---

② **run**

Every day, Tom _____ .

Yesterday, he _____ .

Now, he _____ .

⑤ **read**

Every day, Tom _____ books.

Yesterday, he _____ books.

Now, he _____ books.

---

③ **learn**

Every day, Amy _____ English.

Yesterday, she _____ English.

Now, she _____ English.

⑥ **sing**

Every day, Bill _____ .

Yesterday, he _____ .

Now, he _____ .

💡 주어진 동사를 이용해 우리말에 알맞은 문장을 완성하세요.

lie   die   jog   stop   dance

◀ START ▶

❶ 그는 조깅을 하고 있었다.

He _____.

❷ 그녀는 조깅을 했다.

She _____.

❸ 나는 조깅 중이다.

I _____.

❻ 그 버스는 여기에 선다.

The bus _____ here.

❺ 그녀는 멈췄다.

She _____.

❹ 그들은 멈추고 있었다.

They _____.

❼ 우리는 죽는다.

We _____.

❽ 그들은 죽었다.

They _____.

❾ 그것은 죽어가고 있다.

It _____.

⓬ 나는 춤을 추고 있다.

I _____.

⓫ 그들은 춤을 췄다.

They _____.

⓵ 그는 춤을 출 것이다.

He _____.

⓭ 그들은 거짓말을 했다.

They _____.

⓮ 그는 거짓말을 할 것이다.

He _____.

⓯ 너는 거짓말을 하고 있다.

_____.

◀ END ▶

주어진 동사를 이용해 우리말에 알맞은 문장을 완성하세요.

play   live   wear   wait   walk   sleep

◀ START ▶

❶ 나는 걸었다.

I _____.

❷ 그녀는 시계를 찬다.

She _____ a watch.

❸ 그는 기타를 치고 있다.

He _____ the guitar.

❻ 너는 기다리고 있었다.

You _____.

❺ 그녀는 걸었다.

She _____.

❹ 그들은 자고 있었다.

They _____.

❼ 내 남동생은 놀고 있다.

My brother _____.

❽ 그는 모자를 썼다.

He _____ a cap.

❾ 제인은 한국에 산다.

Jane _____ in Korea.

⓬ 나는 안경을 끼고 있다.

I _____ glasses.

⓫ 그들은 잤다.

They _____.

⓰ 우리는 기다리고 있다.

We _____.

⓭ 그들은 여기에서 살았다.

They _____ here.

⓮ 그는 야구를 한다.

_____.

⓯ 잭은 기다렸다.

_____.

◀ END ▶

18

단순/진행 시제 모아서 총정리 2

시제 복습 01 부정문 시제 정리하기

시제에 알맞은 동사 형태로 표를 완성하세요. (단, 부정형은 줄임말로 쓰세요.)

❶ watch	단순 시제 (~하지 않다)	진행 시제 (~하고 있지 않다)
현재	I don't watch TV. She _____ TV. We _____ TV.	I am not watching TV. She _____ TV. We _____ TV.
과거	He didn't watch TV. They _____ TV.	He _____ TV. They _____ TV.
미래	I _____ TV.	I won't be watching TV.

❷ use	단순 시제 (~하지 않다)	진행 시제 (~하고 있지 않다)
현재	I _____ the phone. She _____ the phone. We _____ the phone.	I _____ the phone. She _____ the phone. We _____.
과거	He _____ the phone. They _____ the phone.	He _____ the phone. They _____ the phone.
미래	I _____ the phone.	I won't be using the phone.

❸ sit	단순 시제 (~하지 않다)	진행 시제 (~하고 있지 않다)
현재	I _____ on the chair. She _____ on the chair. We _____ on the chair.	I _____ on the chair. She _____ on the chair. We _____.
과거	It _____ on the chair. They _____ on the chair.	It _____ on the chair. They _____.
미래	I _____ on the chair.	I won't be sitting on the chair.

💡 시제에 알맞은 동사 형태로 표를 완성하세요.

❶ work

	단순 시제 (~하니?)	진행 시제 (~하고 있니?)
현재	Do you work late? _____ she _____ late? _____ they _____ late?	Are you working late? _____ she _____ late? _____ they _____?
과거	Did he work late? _____ we _____ late?	_____ he _____ late? _____ we _____?
미래	_____ you _____ late?	Will you be working late?

❷ close

	단순 시제 (~하니?)	진행 시제 (~하고 있니?)
현재	_____ you _____ the door? _____ she _____ the door? _____ they _____ the door?	_____ you closing the door? _____ she _____ the door? _____ they _____?
과거	_____ he _____ the door? _____ we _____ the door?	_____ he _____ the door? _____ we _____?
미래	_____ you _____ the door?	Will you be closing the door?

❸ take

	단순 시제 (~하니?)	진행 시제 (~하고 있니?)
현재	_____ you _____ a shower? _____ she _____ a shower? _____ they _____ a shower?	Are you _____ a shower? _____ she _____ a shower? _____ they _____?
과거	Did he _____ a shower? _____ we _____ a shower?	_____ he _____ a shower? _____ we _____?
미래	_____ you _____ a shower?	Will you be taking a shower?

주어진 동사를 이용해 우리말에 알맞은 문장을 완성하세요. (단, 부정형은 줄임말로 쓰세요.)

run   win   sing   study   work

◀ START ▶

① 너는 이겼니?

_____?

② 그녀는 노래를 부르니?

_____?

③ 그는 안 달렸다.

He _____.

⑥ 그는 노래를 안 부른다.

He _____.

⑤ 그녀는 이기고 있니?

_____?

④ 그녀는 일하고 있니?

_____?

⑦ 그는 달릴 거니?

_____?

⑧ 나는 일을 안 하고 있다.

I _____.

⑨ 그들은 이기지 않을 것이다.

They _____.

⑫ 너희들은 공부하니?

_____?

⑪ 그들은 달리고 있었니?

_____?

⑩ 우리는 노래를 안 부르고 있다.

We _____.

⑬ 그들은 공부하고 있니?

_____?

⑭ 우리는 일을 안 했다.

We _____.

⑮ 나는 공부를 안 하고 있었다.

I _____.

◀ END ▶

시제와 문형에 알맞은 문장으로 바꾸기

 주어진 문장을 여러 가지 시제와 문형으로 바꾸세요. (단, 부정형은 줄임말로 쓰세요.)

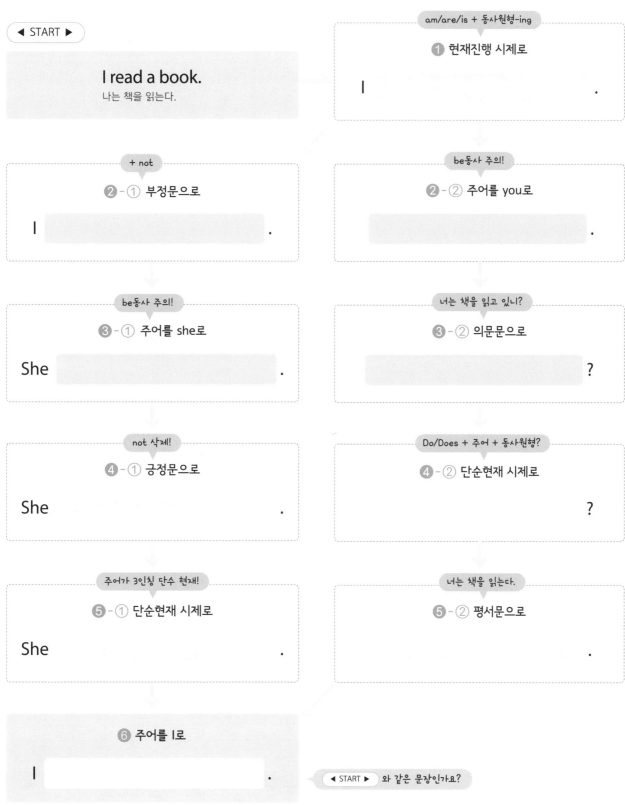

◀ START ▶

I read a book.
나는 책을 읽는다.

am/are/is + 동사원형-ing

❶ 현재진행 시제로

I _____ .

+ not

❷-① 부정문으로

I _____ .

be동사 주의!

❷-② 주어를 you로

_____ .

be동사 주의!

❸-① 주어를 she로

She _____ .

너는 책을 읽고 있니?

❸-② 의문문으로

_____ ?

not 삭제!

❹-① 긍정문으로

She _____ .

Do/Does + 주어 + 동사원형?

❹-② 단순현재 시제로

_____ ?

주어가 3인칭 단수 현재!

❺-① 단순현재 시제로

She _____ .

너는 책을 읽는다.

❺-② 평서문으로

_____ .

❻ 주어를 I로

I _____ .

◀ START ▶ 와 같은 문장인가요?

◀ END ▶

PART 03

(현재) 완료 시제
(Present) Perfect Tense

PART 03에서는 완료 시제를 배울 거야. 한국어에는 완료 시제 개념이 없어 낯설고 어려워 보일 수 있어. 하지만 실제 일상 대화나 문장에서 정말 많이 쓰는 시제야. 영어권에서는 어린 유치원생도 완료 시제를 쓰니까. 이 책에서는 영어의 12 시제 중 가장 중요한 현재완료 시제를 집중적으로 배울 거야. 현재완료 개념만 잘 이해하면, 이후에 배울 과거완료와 미래완료도 쉽게 이해할 수 있게 될 거야.

현재 완료 시제가 뭘까?

현재 완료 시제란, 과거와 현재가 합쳐진 거야.

과거에 일어난 일이나 상태가 현재까지 미칠 때 사용하지.

아래의 두 문장을 비교해 봐.

 현재 시제 문장

현재 시제

She teaches English.
그녀는 영어를 가르친다.

현재

동사로 현재형을 쓰면
'그녀는 (항상/늘) 영어를 가르친다.'는 뜻이야.

 과거 시제 문장

과거 시제

She taught English.
그녀는 영어를 가르쳤다.

과거

동사로 과거형을 쓰면
'그녀는 (과거에) 영어를 가르쳤다.'라는 뜻이야.
지금도 영어를 가르치는지는 알 수가 없어.

현재 시제와 과거 시제를 합쳐서 말해 볼까?

우리말은 표현이 불가능한데 영어로는 가능해!

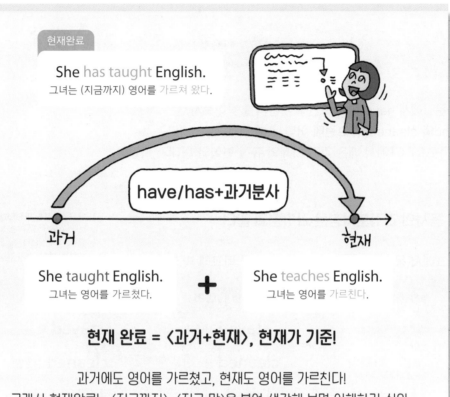

현재완료 시제의 동사 모양은 아래와 같아.

have/has **+** 과거분사(p.p.)

 완료 시제는 우리말에 없어서 어렵게 느껴지겠지만

실제로 영어에서 정말 많이 보게 되니까 의미를 잘 기억하자.

19 규칙 동사의 과거분사형은 과거형과 똑같아

I have stayed **at home.** 나는 (지금까지) 집에 머물렀다.
I have cleaned **my room.** 나는 (지금까지) 내 방을 청소했다.

위의 문장에서 have 뒤에 쓰인 과거분사를 찾아보자.
stayed와 cleaned야. 그런데 어디서 본 것 같지?
맞아! PART 01에서 배운 과거 시제의 규칙 변화와 형태가 똑같아.

개념 1 규칙 동사의 과거분사형은 과거형과 같다

> 과거분사형도 과거형과 모양이 똑같지? 따로 외울 필요 없어. 규칙 변화하는 동사의 과거분사형도 동사원형에 ed나 d를 붙여!

아래 표에서 동사의 과거분사형을 과거형과 비교해 봐.

동사원형 (~하다)	과거형 (~했다)	과거분사형 (~한/~된)
stay 지내다	stayed 지냈다	stayed 지냈던
clean 청소하다	cleaned 청소했다	cleaned 청소된
love 사랑하다	loved 사랑했다	loved 사랑받은
study 공부하다	studied 공부했다	studied 공부된

개념 2 과거분사형은 have와 함께 쓰인다

그럼, 동사의 과거형과 과거분사형은 어떻게 구별할 수 있을까? 아래 문장을 비교해 봐.

> I cleaned **my room.** 나는 (과거에) 내 방을 청소했다.
> I have cleaned **my room.** 나는 (지금까지) 내 방을 청소했다.

첫 번째 문장에서 cleaned는 동사의 과거형이야.
두 번째 문장에서 cleaned는 앞에 [1]_____가 있으니 과거분사야.
이제 각 동사의 과거분사형을 만드는 연습을 실제로 해 보자.

정답 1. have

규칙 동사의 과거분사형을 만드는 4가지 유형 알기

유형 1 / 따로 외울 필요가 없다

기본형 대부분 -ed를 붙인다.

rain → rained   work → worked

유형 2 / 동사 끝에 e 확인하기

동사가 e로 끝나면 -d만 붙인다.

dance → danced   close → closed

유형 3 / y로 끝나면 자음 확인하기

자음 + y 로 끝나면 y를 i 로 고친 뒤, -ed 를 붙인다.

try → tried   dry → dried

유형 4

단모음 + 단자음으로 끝나면 끝의 자음을 한 번 더 쓰고 -ed를 붙인다.

hug → hugged   shop → shopped

 동사를 과거분사형으로 바꾸세요.

유형 1
① work
일하다

② learn
배우다

③ stay
머물다

유형 2
① close
닫다

② live
살다

③ arrive
도착하다

유형 3
① dry
말리다

② cry
울다

③ carry
나르다

④ study
공부하다

⑤ hurry
서두르다

⑥ worry
걱정하다

유형 4
① shop
쇼핑하다

② stop
멈추다

③ clap
박수 치다

④ plan
계획하다

⑤ beg
간청하다

⑥ grab
붙잡다

현재/과거/현재완료 시제 동사 비교하기

현재형: (늘, 항상) ~하다	work / works	arrive / arrives
과거형: (과거에) ~했다	worked	arrived
현재완료형: (지금까지) ~해 왔다	have/has worked	have/has arrived

💡 현재/과거/현재완료 시제의 동사 형태를 만드세요.

❶ 일하다   _____ / works

일했다   _____

일해 왔다   have/has _____

❺ 기다리다   _____ / waits

기다렸다   _____

기다려 왔다   have/has _____

❷ 배우다   learn / _____

배웠다   _____

배워 왔다   have/has _____

❻ 말하다   talk / _____

말했다   _____

(지금 막) 말했다   have/has _____

❸ 비가 내리다   _____ / rains

비가 내렸다   _____

비가 (계속) 내렸다   have/has _____

❼ 끝내다   finish / _____

끝냈다   _____

(지금 막) 끝냈다   have/has _____

❹ 살다   live / _____

살았다   _____

살아왔다   have/has _____

❽ 사랑하다   love / _____

사랑했다   _____

사랑해 왔다   have/has _____

동사원형을 현재형 / 과거형 / 현재완료형으로 바꾸기

1 단계 동사의 원형 생각하자.

learn

She learns English.

2 단계 과거형 / 과거분사형 규칙 적용하자.

She learned English. / She has learn English.

💡 주어진 동사를 이용하여 현재/과거/현재완료 시제의 문장을 만드세요.

	(늘, 항상) ~하다	(과거에) ~했다	(지금까지) ~해 왔다
❶ learn 배우다	I _____ ~	I _____ ~	I have _____ ~
❷ study 공부하다	We _____ ~	We _____ ~	We have _____ ~
❸ worry 걱정하다	She _____ ~	She _____ ~	She has _____ ~
❹ try 애쓰다	They _____ ~	They _____ ~	They have _____ ~
❺ wash 씻다	He _____ ~	He _____ ~	He has _____ ~
❻ close 닫다	You _____ ~	You _____ ~	You have _____ ~
❼ stop 멈추다	It _____ ~	It _____ ~	It has _____ ~
❽ plan 계획하다	He _____ ~	He _____ ~	He has _____ ~

20 제멋대로 변하는 과거분사형도 있어

I have met **the actor.** 나는 그 배우를 만난 적이 있어.
I have seen **the movie.** 나는 그 영화를 본 적이 있어.

위 문장에서 과거분사를 찾은 다음, 그 옆에 동사원형/과거형과 비교해 보자.

동사원형 과거형
have met: meet - met

동사원형 과거형
have seen: see - saw

과거분사가 과거형과 같은 것도 있고, 다른 것도 있지?

개념 1 불규칙하게 변하는 과거분사형은 과거형과 함께 외우자

> Part 2 과거동사의
> 불규칙변화를 복습하고 오면 더
> 이해가 잘 될 거야. 과거분사의
> 불규칙 변화도 과거형의 불규칙
> 변화 유형과 거의 비슷하거든.

다음 표를 보면서 과거형과 과거분사형을 비교해 봐.

	동사원형 (~하다)	과거형 (~했다)	과거분사형 (~한/~된)
❶ A-A-A형	cut 자르다	1 _____ 잘랐다	cut 자른/잘린
❷ A-B-A형	run 달리다	2 _____ 달렸다	run 달린
❸ A-B-B형	say 말하다	3 _____ 말했다	said 말한
❹ A-B-C형	eat 먹다	4 _____ 먹었다	eaten 먹은/먹힌

동사를 외울 때 동사원형-과거형-과거분사형을 한꺼번에 외우는 것이 좋아.
3가지 단계로 변한다고 이를 '동사의 3단 변화' 라고 하기도 해.
동사원형-과거형-과거분사형을 외울 때는 다음과 같이 외우자.

❶ 모두 같은 A-A-A형을 가장 먼저
❷ 하나가 같은 A-B-A형과 ❸ A-B-B형을 외운 다음,
❹ 모두 다른 A-B-C형 순서로 외우면 효과적이야.

불규칙하게 변하는 동사는 나올 때마다 각각 손과 입으로 함께 외워야 해.

정답 1. cut 2. ran 3. said 4. ate

유형 **1** | 대개 짧은 단어들이야!
A-A-A형

put - put - put

유형 **2** | 가장 적어.
A-B-A형

become - became - become

유형 **3** | 가장 많아. 유형별로 묶어서 외우자!
A-B-B형

say - said - said

유형 **4** | 정말 자주 쓰는 동사들이야!
A-B-C형

do - did - done

 동사의 과거분사형만 한 번 쓰고 입으로 반복하며 외우세요.

유형 **1**

❶ cut - cut - cut   cut
자르다 잘랐다 자른

❷ read - read - read
읽다[riːd] 읽었다[red] 읽은[red]

유형 **2**

❶ run - ran - run
달리다 달렸다 달린

❷ come - came - come
오다   왔다   왔던

유형 **3**

❶ have - had - had
가지다 가졌다 가진

❷ find - found - found
찾다   찾았다 찾은/찾아진

❸ make - made - made
만들다 만들었다 만든

❹ hear - heard - heard
듣다   들었다 들은/들린

유형 **4**

❶ be - was, were - been
~이다/있다 ~이었다/있었다 ~이었던/있던

❷ eat - ate - eaten
먹다 먹었다 먹은/먹힌

❸ go - went - gone
가다 갔다 갔던

❹ see - saw - seen
보다 봤다 본/보인

잠깐! 다 썼으면 과거분사형을
손으로 가리고 말해 봐.

틀린 것은 표시해 두고,
여러 번 읽고 써 봐!

더 많은 불규칙 동사 연습은
특별 부록에서 연습하자!

현재형: (늘, 항상) ~한다	teach / teaches	put / puts
과거형: (과거에) ~했다	taught	put
현재완료: (지금까지, 지금 막) ~해 왔다	have/has taught	have/has put

💡 현재/과거/현재완료 시제의 동사 형태를 만드세요.

❶ 가르치다 _____ / teaches

가르쳤다 _____

가르쳐 왔다 have/has _____

❺ 이다/있다 am / are / ____

이었다/있었다 _____

이었다/있어 왔다 have/has _____

❷ 사다 _____ / buys

샀다 _____

(지금 막) 샀다 have/has _____

❻ 먹다 eat / _____

먹었다 _____

(지금 막) 먹었다 have/has _____

❸ 생각하다 _____ / thinks

생각했다 _____

생각해 왔다 have/has _____

❼ 키우다 grow / _____

키웠다 _____

키워 왔다 have/has _____

❹ 가다 _____ / goes

갔다 _____

(지금 막) 가버렸다 have/has _____

❽ 부수다 break / _____

부쉈다 _____

(지금 막) 부쉈다 have/has _____

동사원형을 현재형 / 과거형 / 현재완료형으로 바꾸기

1 단계 동사의 원형 생각하자.

cut

She **cuts** papers.

2 단계 과거형 / 과거분사형 규칙 적용하자.

She **cut** papers. / She **has cut** papers.

주어진 동사를 이용하여 현재/과거/현재완료 시제의 문장을 만드세요.

	(늘, 항상) ~하다	(과거에) ~했다	(지금까지, 지금 막) ~해 왔다
❶ cut 자르다	I _____ ~	I _____ ~	I have _____ ~
❷ put 놓다	He _____ ~	He _____ ~	He has _____ ~
❸ do 하다	She _____ ~	She _____ ~	She has _____ ~
❹ write 쓰다	I _____ ~	I _____ ~	I have _____ ~
❺ come 오다	They _____ ~	They _____ ~	They have _____ ~
❻ win 이기다	We _____ ~	We _____ ~	We have _____ ~
❼ see 보다	You _____ ~	You _____ ~	You have _____ ~
❽ catch 잡다	It _____ ~	It _____ ~	It has _____ ~

21 현재완료는 과거부터 현재까지 있었던 일을 나타내

개념 1 현재완료 시제의 동사 모양을 알아보자

현재완료 시제는 어떤 모양이지? 간략하게 정리하면

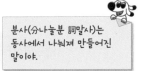
분사(分나눌분 詞말사)는 동사에서 나눠져 만들어진 말이야.

have/has + 과거분사(p.p.)

현재완료 시제는 시제를 결정하는 have(주어가 3인칭 단수일 때는 has)와,
어떤 일이나 상태였는지를 나타내는 과거분사로 구성되어 있어.
앞에서 배운 다른 시제의 모양과 비교해 볼까?

[단순현재] **I live here.** 나는 여기에 산다.
[단순과거] **I lived here.** 나는 (과거에) 여기에 살았다.
[현재완료] **I have lived here.** 나는 (지금까지) 여기에 살아 왔다.

개념 2 과거에 시작되어 현재까지 지속되는 일을 말하는 현재완료

누군가 "너 여기 언제부터 살았어?"라고 물으면, "나 예전부터 살았지."라고 대답할 때 있지?
이때 "나는 여기에 (지금까지) 살아왔다."는 "I have lived here."라고 표현해.
해석은 과거인데 왜 과거 시제를 쓰지 않느냐고? "내가 여기에 살아왔다."는 지금을 기준으
로 이전 시점부터 지금까지를 말하니까, 현재완료를 써야 해.

이때, 과거분사는 동사가 아니므로 have가 시제를 나타내.
주어가 I/we/복수 주어면 have, he/she/it/3인칭 단수 주어면 has를 쓴다는 것도 잊지 마!

정답 1. lived 2. live 3. have lived

문장 1 ▶ 단순과거 시제는 과거 사실만!　　I **lived** here. 나는 (과거에) 여기에 살았다.

문장 2 ▶ 현재완료 시제는 과거부터 현재까지!　　I **have lived** here. 나는 (지금까지) 여기에 살아왔다.

💡 다음 상황에 알맞은 동사를 괄호에서 골라 O표 하세요.

① **Q** 너는 어제 바빴니?

A 나는 어제 바빴어.

→ I (**was** / **have been**) busy yesterday.

Q 너 바쁘니?

A 나는 어제부터 (지금까지) 계속 바빠.

→ I (**was** / **have been**) busy since yesterday.

② **Q** 여기서 언제 일했니?

A 나는 여기서 10년 전에 일했어.

→ I (**worked** / **have worked**) here
ten years ago.

Q 여기서 (지금까지) 얼마나 일했니?

A 나는 (지금까지) 여기서 10년 동안 일해 왔어.

→ I (**worked** / **have worked**) here for
ten years.

③ **Q** 그녀는 서울에 살았니?

A 그녀는 2년 전에 서울에 살았어.

→ She (**lived** / **has live**) in Seoul
two years ago.

Q 그녀는 (지금까지) 서울에서 얼마나 살았니?

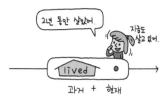

A 그녀는 (지금까지) 2년 동안 서울에 살아왔어.

→ She (**lived** / **has lived**) in Seoul for two years.

1	단순과거의 의미	단순히 과거에 있었던 일을 말할 뿐, 현재와는 아무 상관이 없다.
2	현재완료의 의미	과거에 시작된 행동이나 상황이 지금까지 계속되고 있음을 말한다.

💡 과거와 현재완료 중 어느 시제로 대답해야 할까요? 알맞은 대답을 완성하세요.

① **Q** 여기서 머문지 얼마나 됐니?

A 나는 (지금까지) 여기서 4주 동안 머물렀어.

I   have stayed   here for four weeks.

② **Q** 그녀는 거기서 머물렀니?

A 그녀는 지난 달에 거기서 머물렀어. (지금은 머무는지 몰라.)

She _____ there last month.

③ **Q** 지난주에 영어를 배웠니?

A 응, 나는 지난주에 영어를 배웠어.

Yes, I _____ English last week.

④ **Q** 너 영어를 배우니?

A 응, (지금까지) 영어 배우고 있어.

Yes, I _____ English.

⑤ **Q** 너 어제 몇 시에 도착했니?

A 나는 어제 10시에 도착했어.

I _____ at 10 yesterday.

⑥ **Q** 그는 (지금) 도착했니?

A 그는 (지금) 막 도착했어.

He _____ just _____ .

주어진 동사를 이용해 우리말에 알맞은 문장을 완성하세요.

work   learn   live   finish   wait   talk   rain   use

과거 시제 (과거에 ~했다)	현재완료 시제 (지금까지 ~해 왔다)

① I [   ] my homework.
나는 (과거에) 숙제를 끝냈어.

I   my homework.
나는 (지금 막) 숙제를 끝냈어.

② He [   ] for her.
그는 (과거에) 그녀를 기다렸어.

He   for her.
그는 (지금까지) 그녀를 기다려.

③ We [   ] in Busan.
우리는 (과거에) 부산에 살았어.

We   in Busan.
우리는 (지금까지) 부산에 살아왔어.

④ We [   ] to them.
우리는 (과거에) 그들에게 이야기했어.

We   to them.
우리는 그들에게 (지금까지) 이야기해 왔어.

⑤ He [   ] English.
그는 (과거에) 영어를 배웠어.

He   English.
그는 (지금까지) 영어를 배워 왔어.

⑥ It [   ] yesterday.
어제 비가 왔어.

It   .
(지금까지) 비가 왔어.

⑦ I [   ] there.
나는 (과거에) 거기서 일했어.

I   there.
나는 (지금까지) 거기서 일해 왔어.

⑧ She [   ] a cell phone.
그녀는 (과거에) 휴대전화를 사용했어.

She   a cell phone.
그녀는 (지금까지) 휴대전화를 사용해 왔어.

22 현재완료는 과거로 해석되지만 현재를 나타내

개념 1 | 현재완료는 현재가 기준인 시제이다

현재완료는 우리말로 바꿀 때 과거로 해석되어서 과거 시제와 헷갈릴 거야.
아래 대화문을 통해 두 시제의 차이를 좀 더 살펴보자.

〈과거로 말하면〉
He lost his key.
그는 열쇠를 잃어버렸다.

A: 그래? 그래서 찾았어?
B: 그건 몰라. 그냥
    잃어버렸다는 것만 알아.

〈현재완료로 말하면〉
He has lost his key.
(지금까지) 그는 열쇠를 잃어버렸다.

A: 그래? 그래서 찾았어?
B: 아니, 아직 못 찾았대.

현재완료는 과거로 해석되지만 현재가 기준인 시제야!
그래서 현재완료는 절대로 과거를 나타내는 시간표현(yesterday, then, last, ago)과
같이 쓰지 않아.

개념 2 | 현재완료는 동사나 상황에 따라 여러 가지로 해석할 수 있다

현재완료는 같은 문장이라도 함께 쓰이는 부사나 상황에 따라 해석이 조금씩 달라져.

I have lived in Korea once.
나는 (지금까지) 한국에 한 번 1_____.

I have lived in Korea for many years.
나는 (지금까지) 한국에 수년 간 2_____.

보통
(지금) 막 ~했다
(지금까지) ~해 본 적이 있다   라고 해석하면 돼.
(지금까지) ~해 왔다

정답 1. 살아본 적이 있다 2. 살아왔다

과거 시제를 현재완료 시제로 바꾸기

1 단계 주어에 맞는 have 형태 적용하자.

have
I **broke** the window.

2 단계 동사를 과거분사로 고치자.

break-broke-broken
I **have broken** the window.

💡 다음 과거 시제 문장을 현재완료 시제로 바꾸세요.

❶ I saw the movie.

see - saw - seen

| 주어가 | I | 이므로 동사는 ((have) / has) + 동사원형 | see | 의 과거분사인 | seen |

→ _____. 나는 (지금까지) 그 영화를 본 적이 있다.

❷ He read the book yesterday.

_____ - read - _____

| 주어가 | | 이므로 동사는 (have / has) + 동사원형 | | 의 과거분사인 | |

→ _____. 그는 (지금까지) 그 책을 읽어 본 적이 있다.

❸ We met them last week.

_____ - met - _____

| 주어가 | | 이므로 동사는 (have / has) + 동사원형 | | 의 과거분사인 | |

→ _____. 우리는 (지금까지) 그들을 만난 적이 있다.

❹ Ben had a cold.

_____ - had - _____

| 주어가 | | 이므로 동사는 (have / has) + 동사원형 | | 의 과거분사인 | |

→ _____. 벤은 (지금까지) 감기를 앓아 왔다.

❺ I ate chocolate.

_____ - ate - _____

주어가 _____ 이므로 동사는 (have / has) + 동사원형 _____ 의 과거분사인

→ _____. 나는 (지금 막) 초콜릿을 먹었다.

❻ They knew her.

_____ - knew - _____

주어가 _____ 이므로 동사는 (have / has) + 동사원형 _____ 의 과거분사인

→ _____. 그들은 (지금까지) 그녀를 알고 지냈다.

❼ My teacher said so.

_____ - said - _____

주어가 _____ 이므로 동사는 (have / has) + 동사원형 _____ 의 과거분사인

→ _____. 우리 선생님은 (지금까지) 그렇게 말씀해 오셨다.

❽ The girl wrote an email.

_____ - wrote - _____

주어가 _____ 이므로 동사는 (have / has) + 동사원형 _____ 의 과거분사인

→ _____. 그 소녀는 (지금까지) 이메일을 써 왔다.

❾ We made a plan.

_____ - made - _____

주어가 _____ 이므로 동사는 (have / has) + 동사원형 _____ 의 과거분사인

→ _____. 우리는 (지금까지) 계획을 세워 왔다.

❿ My brother was sick.

_____ - was/were - _____

주어가 _____ 이므로 동사는 (have / has) + 동사원형 _____ 의 과거분사인

→ _____. 우리 남동생은 (지금까지) 앓아 왔다.

110

주어진 동사를 이용해 우리말에 알맞은 문장을 완성하세요.

> do   eat   see   come   live   stop   teach   become

현재 시제 (~하다)	과거 시제 (과거에 ~했다)	현재완료 시제 (지금까지 ~해 왔다)

❶ He _____ his homework.
그는 숙제를 한다.

He _____ his homework.
그는 (지금 막) 숙제를 다 했다.

❷ She _____ history.
그녀는 역사를 가르친다.

She _____ history.
그녀는 (지금까지) 역사를 가르쳐 왔다.

❸ I _____ in this house.
나는 이 집에 산다.

I _____ in this house.
나는 (지금까지) 이 집에서 살아 왔다.

❹ I _____ her every morning.
나는 매일 아침 그녀를 본다.

I _____ her many times.
나는 (지금까지) 여러 번 그녀를 봐 왔다.

❺ My watch _____ suddenly.
내 시계가 갑자기 멈췄다.

The rain _____ .
비가 (지금 막) 멈췄다.

❻ He _____ an actor.
그는 배우가 되었다(지금은 배우인지 모른다).

He _____ a scientist.
그는 과학자가 되었다(지금도 과학자이다).

❼ They _____ breakfast this morning.
그들은 오늘 아침에 아침을 먹었다.

He _____ breakfast.
그는 (지금 막) 아침을 먹었다.

❽ The bus _____ late.
그 버스는 늦게 왔다.

Summer _____ .
(지금 막) 여름이 되었다(왔다).

23 현재완료 부정문은 have/has 뒤에 not을 붙여

개념 1 현재완료 시제의 부정문은 have 뒤에 not을 붙여 준다

현재완료 시제의 부정문은 무척 간단해.
have 뒤에 not만 붙여 주면 돼.
'have + not'은 보통 간단히 줄여서 haven't 라고 써.

개념 2 현재완료 시제의 부정문 만들기

긍정문 (~했다)		부정문 (~안 했다)
I have arrived. 나는 (지금 막) 도착했다.	have + ¹____	**I haven't arrived.** 나는 (지금까지) 도착 안 했다.
She has arrived. 그녀는 (지금 막) 도착했다.	has + ²____	**She hasn't arrived.** 그녀는 (지금까지) 도착 안 했다.

✦주의✦

문장에 have나 has가 있다고 무조건 위의 방식을 쓰면 안 돼.
'가지다, 먹다'의 뜻으로 쓰이는 have는 일반동사니까,
일반동사의 부정문을 만들 때는 두더지(do/does)의 도움이 필요해!

He **has** a brother. ➡ He **hasn't** a brother. (X)
그는 남자 형제가 있어.　　　　He **doesn't have** a brother. (O)
　　　　　　　　　　　　　　그는 남자 형제가 없어.

I **have** breakfast at 8. ➡ I **haven't** breakfast at 8. (X)
나는 8시에 아침을 먹어.　　　I **don't have** breakfast at 8. (O)
　　　　　　　　　　　　　　나는 8시에 아침을 안 먹어.

　　　　　　　　　정답 1. not 2. not

1 단계 주어에 맞는 have 형태 정하자.

have

I   don't break the window.

2 단계 have 뒤에 not을 붙이고 줄이자.

have + not

I haven't break the window.

3 단계 동사를 과거분사로 고치자.

break-broke-broken

I **haven't broken** the window.

💡 단순현재 시제의 문장을 현재완료 시제의 부정문으로 **바꾸세요.** (단, 부정형은 줄임말로 쓰세요.)

❶ He doesn't go home.

go - _____went_____ - _____gone_____

| 주어가 | He | 이므로 동사는 (have (has) + not + 과거분사 | gone |

→ _____ yet. 그는 (지금까지) 아직 집에 들어가지 않았다.

❷ She doesn't take a shower.

take - _____ - _____

주어가 _____ 이므로 동사는 (have / has) + not + 과거분사

→ _____ yet. 그녀는 (지금까지) 아직 샤워를 하지 않았다.

❸ They don't meet each other.

meet - _____ - _____

주어가 _____ 이므로 동사는 (have / has) + not + 과거분사

→ _____ yet. 그들은 (지금까지) 아직 서로 만난 적이 없다.

❹ It doesn't rain every day.

rain - _____ - _____

주어가 _____ 이므로 동사는 (have / has) + not + 과거분사

→ _____ yet. (지금까지) 아직 비가 오지 않았다.

❺ Jack doesn't study hard.

study - _____ - _____

주어가 _____ 이므로 동사는 (have / has) + not + 과거분사 _____

→ _____. Jack은 (지금까지) 열심히 공부하지 않았다.

❻ They don't see a lion.

see - _____ - _____

주어가 _____ 이므로 동사는 (have / has) + not + 과거분사 _____

→ _____. 그들은 (지금까지) 사자를 본 적이 없다.

❼ I don't do my homework.

do - _____ - _____

주어가 _____ 이므로 동사는 (have / has) + not + 과거분사 _____

→ _____ **yet.** 나는 (지금까지) 아직 숙제를 안 했다.

❽ Ellen doesn't live in America.

live - _____ - _____

주어가 _____ 이므로 동사는 (have / has) + not + 과거분사 _____

→ _____. Ellen은 (지금까지) 미국에서 살아 본 적이 없다.

❾ We don't run.

run - _____ - _____

주어가 _____ 이므로 동사는 (have / has) + not + 과거분사 _____

→ _____ **for a week.** 우리는 (지금까지) 한 주 동안 안 달렸다.

❿ She doesn't think about it.

think - _____ - _____

주어가 _____ 이므로 동사는 (have / has) + not + 과거분사 _____

→ _____. 그녀는 (지금까지) 그것에 관해 생각해 본 적이 없다.

114

주어진 동사를 이용해 우리말에 알맞은 문장을 완성하세요. (단, 부정형은 줄임말로 쓰세요.)

call   find   have   help   live   lose   meet   teach

과거 시제 (~하지 않았다)	현재완료 시제 (~한 적이 없다)
❶ You ⬚ me. 너는 나를 돕지 않았다.	You ⬚ us. 너는 (지금까지) 우리를 도와준 적이 없다.
❷ Ann ⬚ me. Ann은 내게 전화를 하지 않았다.	Ann ⬚ him yet. Ann은 (지금까지) 아직 그에게 전화를 하지 않았다.
❸ I ⬚ my bike. 나는 자전거를 찾지 않았다.	I ⬚ my glasses. 나는 (지금까지) 안경을 못 찾았다.
❹ We ⬚ hope. 우리는 희망을 잃지 않았다.	We ⬚ interest. 우리는 (지금까지) 흥미를 잃은 적이 없다.
❺ The boy ⬚ a phone. 그 소년은 전화기를 안 가지고 있었다.	The boy ⬚ a bike. 그 소년은 (지금까지) 자전거를 가져 본 적이 없다.
❻ She ⬚ math. 그녀는 수학을 가르치지 않았다.	She ⬚ science. 그녀는 (지금까지) 과학을 가르쳐 본 적이 없다.
❼ We ⬚ him. 우리는 그를 만나지 않았다.	We ⬚ them before. 우리는 (이전에) 그들은 만나 본 적이 없다.
❽ They ⬚ in Korea. 그들은 한국에 살지 않았다.	They ⬚ in Asia. 그들은 (지금까지) 아시아에서 살아 본 적이 없다.

24 현재완료 의문문은 Have/Has를 주어 앞에 써

개념 1 현재완료 시제의 의문문은 have를 주어 앞으로 보내 준다

이번에는 물어보는 문장, 의문문에 관해 알아보자.
먼저 완료 시제의 부정문은 조동사 have 뒤에 not을 붙여 줬지.
완료 시제의 의문문도 조동사 have의 역할이 중요해.
be동사가 들어간 의문문을 만들 때처럼 조동사 have를 주어 앞으로 보내면 돼.

개념 2 현재완료 시제의 의문문 만들기

평서문 (~했다)		의문문 (~했니?)
I have arrived. 나는 (지금 막) 도착했다. **She has arrived.** 그녀는 (지금 막) 도착했다.	have나 has를 앞으로!	¹ _____ **you arrived?** 너는 (지금 막) 도착했니? ² _____ **she arrived?** 그녀는 (지금 막) 도착했니?

✦주의✦

have가 '가지다, 먹다'의 뜻으로 쓰일 때는 일반동사니까,
일반동사의 의문문을 만들 때는 두더지(do/does)의 도움이 필요해!

He has a brother. ➡ **Has he a brother?** (X)
그는 남자 형제가 있어. **Does he have a brother?** (O)
그는 남자 형제가 있니?

We have breakfast at 8. ➡ **Have we breakfast at 8?** (X)
우리는 8시에 아침을 먹어. **Do we have breakfast at 8?** (O)
우리는 8시에 아침을 먹니?

정답 1. Have 2. Has

Does she work?

1 단계	주어에 맞는 have 형태 정하기	She (have / has)
2 단계	have를 주어 앞에 보내기	Has she
3 단계	동사를 과거분사로 고치기	Has she worked?

💡 단순현재를 현재완료로 바꿔 의문문을 완성하세요.

❶ Do you eat breakfast?

eat - ____ate____ - ____eaten____

주어가 **you** 이므로 동사는 ((have) / has) + 주어 + 과거분사 **eaten**

→ _____ breakfast? 너는 (지금까지) 아침을 먹었니?

❷ Do they know about her?

know - _____ - _____

주어가 _____ 이므로 동사는 (have / has) + 주어 + 과거분사

→ _____ about her? 그들은 (지금까지) 그녀에 관해 알고 있었니?

❸ Do you lose your money?

lose - _____ - _____

주어가 _____ 이므로 동사는 (have / has) + 주어 + 과거분사

→ _____? 너는 (지금까지) 돈을 잃은 거니?

❹ Does she send you an email?

send - _____ - _____

주어가 _____ 이므로 동사는 (have / has) + 주어 + 과거분사

→ _____ an email? 그녀가 (지금까지) 네게 이메일을 보낸 적이 있니?

❺ Does he build a house?

build - _____ - _____

주어가 _____ 이므로 동사는 (have / has) + 주어 + 과거분사 _____

➔ _____? 그가 (지금까지) 집을 지어 본 적이 있니?

❻ Does your friend wait for you?

wait - _____ - _____

주어가 _____ 이므로 동사는 (have / has) + 주어 + 과거분사 _____

➔ _____ for you? 네 친구가 (지금까지) 너를 기다려 준 거니?

❼ Does Jack teach you Chinese?

teach - _____ - _____

주어가 _____ 이므로 동사는 (have / has) + 주어 + 과거분사 _____

➔ _____ Chinese? Jack이 (지금까지) 네게 중국어를 가르쳐 준 적 있니?

❽ Is she sick in bed?

be - _____ / _____ - _____

주어가 _____ 이므로 동사는 (have / has) + 주어 + 과거분사 _____

➔ _____ in bed all day? 그녀는 (지금까지) 아파서 하루 종일 누워 있었니?

❾ Do they cut potatoes?

cut - _____ - _____

주어가 _____ 이므로 동사는 (have / has) + 주어 + 과거분사 _____

➔ _____ before? 그들은 (지금까지) 전에 감자를 깎아 본 적이 있니?

❿ Do you make a mistake?

make - _____ - _____

주어가 _____ 이므로 동사는 (have / has) + 주어 + 과거분사 _____

➔ _____? 너는 (지금까지) 실수한 적이 있니?

주어진 동사를 이용해 우리말에 알맞은 문장을 완성하세요.

eat   feed   come   play   cut   buy   see   hear

과거 시제 (~했니?)	현재완료 시제 (~해 왔니?, ~한 적 있니?)

①   [   ] he [   ] home?
그는 집에 왔니?

he   home?
그는 (지금 막) 집에 왔니?

②   [   ] David [   ] the violin?
David는 바이올린을 연주했니?

David   the guitar?
David는 (지금까지) 기타를 연주해 본 적 있니?

③   [   ] you [   ] the sound?
너는 그 소리를 들었니?

you   the news?
너는 (지금까지) 그 소식을 들어 본 적 있니?

④   [   ] you [   ] the show?
너는 그 쇼를 봤니?

you   the movie?
너는 (지금까지) 그 영화를 본 적이 있니?

⑤   [   ] you [   ] your dog?
너는 너의 개에게 먹이를 줬니?

you   my cat?
너는 (지금까지) 내 고양이에게 먹이를 준 적 있니?

⑥   [   ] Ann [   ] dinner?
Ann은 저녁을 먹었니?

Ann   lunch?
Ann은 (지금까지) 점심을 먹었니?

⑦   [   ] you [   ] the tomato?
네가 토마토를 잘랐니?

you   potatoes?
너는 (지금까지) 감자를 잘라 본 적 있니?

⑧   [   ] Tom [   ] the book?
Tom은 그 책을 샀니?

Tom   a ticket?
Tom은 (지금까지) 티켓을 샀니?

25

현재완료 시제 복습

현재완료 시제 긍정문 복습하기

 우리말에 알맞은 동사 형태로 문장을 완성하세요.

> do   go   lie   come   lose   live   make   learn

❶ She _____ .

그녀는 (지금 막) 왔다.

They _____ from Canada.

그들은 (지금 막) 캐나다에서 왔다.

❷ He _____ here.

그는 (지금까지) 여기에 쭉 살고 있다.

We _____ in peace.

우리는 (지금까지) 평화롭게 살아왔다.

❸ He _____ for lunch.

그는 (지금) 점심을 먹으러 가고 없다.

They _____ home.

그들은 (지금) 집에 가 버리고 없다.

❹ I _____ English.

나도 (지금까지) 영어를 쭉 배우고 있다.

Jack _____ so much.

Jack은 (지금까지) 많은 것을 배워 오고 있다.

❺ I _____ nothing.

나는 (지금까지) 아무것도 안 했다.

She _____ many things.

그녀는 (지금까지) 많은 것을 했다.

❻ We _____ a cake.

우리는 (지금 막) 케이크를 만들었다.

The man _____ coffee.

그 남자는 (지금 막) 커피를 끓였다.

❼ You _____ to me.

너는 (지금까지) 내게 거짓말을 해 왔다.

They _____ many times.

그들은 (지금까지) 거짓말을 여러 번 했다.

❽ I _____ the pen.

나는 (지금까지) 그 펜을 잃어버렸다.

Many people _____ their lives.

(지금까지) 많은 사람들이 목숨을 잃었다.

우리말에 알맞은 동사 형태로 부정문을 완성하세요. (단, 부정형은 줄임말로 쓰세요.)

> eat   see   move   wash   sleep   arrive   watch   answer

❶ I   for three days.

나는 (지금까지) 3일 동안 잠을 안 자고 있다.

He   all night.

그는 (지금까지) 밤새 잠을 안 자고 있다.

❺ His plane   yet.

그의 비행기는 아직 도착하지 않았다.

The boys   here.

그 소년들은 (지금까지) 여기에 도착하지 않았다.

❷ We   TV for days.

우리는 (지금까지) 며칠 동안 TV를 안 봤다.

The man   the movie.

그 남자는 (지금까지) 그 영화를 안 봤다.

❻ I   my hands.

나는 (지금까지) 손을 안 씻고 있다.

The girl   her face.

그 소녀는 (지금까지) 얼굴을 안 씻고 있다.

❸ You   my question.

너는 (지금까지) 내 질문에 답을 안 했다.

She   the phone.

그녀는 (지금까지) 전화를 받지 않았다.

❼ They   him.

그들은 (지금까지) 그를 본 적이 없다.

I   the file yet.

나는 (지금까지) 아직 그 파일을 본 적이 없다.

❹ I   anything today.

나는 (지금까지) 오늘 아무것도 안 먹었다.

She   Italian food.

그녀는 (지금까지) 이태리 음식을 먹어 본 적 없다.

❽ He   his car for weeks.

그는 (지금까지) 몇 주나 차를 옮기지 않았다.

The car   for hours.

그 차는 (지금까지) 몇 시간이나 꼼짝 않고 있다.

우리말에 알맞은 동사 형태로 의문문을 완성하세요.

> do   eat   draw   see   make   meet   begin   study

❶ _____ you ever _____ a cake?
너는 (지금까지) 케이크를 만들어 본 적 있니?

_____ she _____ a mistake?
그녀가 (지금까지) 실수를 한 적 있니?

❷ _____ you ever _____ an animal?
너는 (지금까지) 동물을 그려본 적 있니?

_____ you _____ your face?
너는 (지금까지) 네 얼굴을 그려본 적 있니?

❸ _____ she _____ for the test?
그녀는 (지금까지) 시험 공부는 해 왔니?

_____ you _____ English?
너는 (지금까지) 영어 공부를 해 왔니?

❹ _____ you _____ your best?
너는 (지금까지) 최선을 다해 왔니?

_____ they _____ their homework?
그들은 (지금 막) 숙제를 다 했니?

❺ _____ you _____ her today?
너는 오늘 (지금까지) 그녀를 본 적 있니?

_____ they _____ the birds?
그들은 (지금까지) 그 새들을 본 적 있니?

❻ _____ the game _____ ?
(지금 막) 경기가 시작되었니?

_____ you _____ the work?
너는 (지금 막) 그 일을 시작했니?

❼ _____ you _____ my brother?
너는 (지금까지) 나의 형을 만난 적 있니?

_____ he _____ your parents?
그는 (지금까지) 너희 부모님을 만난 적 있니?

❽ _____ you _____ lunch?
너는 (지금까지) 점심을 먹었니?

_____ they _____ breakfast?
그들은 (지금까지) 아침을 먹었니?

현재완료 시제 문장 복습하기

우리말에 알맞은 동사 형태로 문장을 완성하세요. (단, 부정형은 줄임말로 쓰세요.)

do　eat　stop　know　lose　meet　finish　hear

◀ START ▶

① 나는 (지금) 벌써 먹었다.

I _____ already _____.

② 그녀는 (지금까지) 너를 만난 적이 있다.

She _____ you.

④ 비가 (지금) 막 멈췄다.

The rain _____ just _____.

③ 그는 (지금 막) 그것을 다 했다.

He _____ it.

⑤ 우리는 (지금까지) 최선을 다해 왔다.

We _____ our best.

⑥ 너는 (지금까지) 길을 잃어버린 거니?

_____ your way?

⑧ 내가 너를 안 지 (지금까지) 수 년이다.

I _____ you for years.

⑦ 우리는 (지금까지) 그것을 먹어 본 적이 없었다.

We _____ it.

⑨ (지금까지) 그 소식을 들은 적 있니?

_____ the news?

⑩ 버스는 (지금 막) 멈췄다.

The bus _____.

⑫ 나는 (지금까지) 자전거를 잃어버렸다.

I _____ my bike.

⑪ 나는 (지금까지) 그것에 관해 들어 본 적이 없다.

I _____ about it.

⑬ 너는 (지금까지) 그를 만나 본 적 있니?

_____ him?

⑭ 나는 (지금까지) 아직 그것을 못 끝냈다.

I _____ it yet.

⑮ 너희는 (지금까지) 오래 서로 알고 지냈니?

_____ each other for long?

◀ END ▶

26

단순/진행/현재완료 시제 모아서 총정리 1

시제와 주어에 알맞은 문장 완성하기

💡 시제와 주어에 맞는 동사 형태로 문장을 완성하세요. (단, 부정형은 줄임말로 쓰세요.)

1 현재 시제　**I do this.** 나는 (늘) 이것을 한다.

❶ (늘) 한다	❷ 안 한다	❸ 하니?
I __do__ this.	I _____ this.	_____ I _____ this?
He _____ this.	He _____ this.	_____ he _____ this?
They _____ this.	They _____ this.	_____ they _____ this?

2 과거 시제　**You slept well.** 너는 잘 잤다.

❶ 잤다	❷ 안 잤다	❸ 잤니?
You __slept__ well.	You _____ well.	_____ you _____ well?
She _____ well.	She _____ well.	_____ she _____ well?
We _____ well.	We _____ well.	_____ we _____ well?

3 단순미래 시제　**We will arrive soon.** 그는 곧 도착할 것이다.

❶ 도착할 것이다	❷ 도착하지 않을 것이다	❸ 도착할 거니?
We __will arrive__ soon.	We _____ soon.	_____ we _____ soon?
It _____ soon.	It _____ soon.	_____ it _____ soon?
She _____ soon.	She _____ soon.	_____ she _____ soon?

4 현재진행 시제 **I am doing well.** 나는 지금 잘하고 있다.

❶ (지금) 하고 있다	❷ 안 하고 있다	❸ 하고 있니?
I _am doing_ well.	I _____ well.	_____ I _____ well?
She _____ well.	She _____ well.	_____ she _____ well?
We _____ well.	We _____ well.	_____ we _____ well?

5 과거진행 시제 **You were sleeping then.** 너는 그때 자고 있었다.

❶ (그때) 자고 있었다	❷ 안 자고 있었다	❸ 자고 있었니?
You _were sleeping_ then.	You _____ then.	_____ you _____ then?
He _____ then.	He _____ then.	_____ he _____ then?
We _____ then.	We _____ then.	_____ we _____ then?

6 현재완료 시제 **It has arrived.** 그것은 (막) 도착했다.

❶ (지금 막) 도착했다	❷ (지금까지) 도착하지 않았다	❸ (지금) 도착했니?
It _has arrived_ .	It _____ .	_____ it _____?
He _____ .	He _____ .	_____ he _____?
They _____ .	They _____ .	_____ they _____?

주어진 문장을 여러 가지 시제와 문형으로 바꾸세요. (단, 부정형은 줄임말로 쓰세요.)

◀ START ▶

I eat breakfast.
나는 아침을 먹는다.

do/does + not
❶ 부정문으로
I _____ .

have + not
❷ 완료 시제로
I _____ .

그녀는 (지금까지) 아침을 먹지 않았다.
❸ 주어를 she로
She _____ .

not 삭제!
❹ 긍정문으로
She _____ .

❺ 단순현재 시제로
_____ .

am/are/is + 동사원형+-ing
❻ 진행 시제로
She _____ .

그녀는 아침을 먹고 있니?
❼ 의문문으로
_____ ?

be동사 주의!
❽ 주어를 I로
_____ ?

be동사 위치!
❾ 평서문으로
_____ .

❿ 단순현재 시제로
_____ .

◀ START ▶ 와 같은 문장인가요?

◀ END ▶

주어진 동사를 이용해 우리말에 맞는 문장을 완성하세요.

> arrive   lose   make   watch   run   stop   swim
> die   hear   meet   do   lie   clap   sit   come

◀ START ▶

❶ 나는 (지금) 막 도착했다.

I _____ just _____.

❷ 그는 TV를 시청한다.

He _____ TV.

❸ 그녀는 달리고 있었다.

She _____.

❻ 난 (지금까지)
길을 잃어버렸다.

I _____ my way.

❺ 우리는 (지금까지)
최선을 다했다.

We _____ our best.

❹ 그것은 멈추고 있었다.

It _____.

❼ 너는 지금 거짓말을 하고 있다.

You _____ now.

❽ 그들은 수영을 하고 있었다.

They _____.

❾ 그녀는 (지금까지) 그 소식을
들은 적이 있다.

She _____ the news.

⓬ 그 나무는 죽어 가고 있다.

The tree _____.

⓫ 그들은 박수를 쳤다.

They _____.

⓾ 그들은 앉았다.

They _____ down.

⓭ 그는 집에 온다.

_____ home.

⓮ 우리는 (지금까지)
그를 만난 적이 있다.

We _____ him.

⓯ 그는 그것을 만들었다.

He _____ it.

◀ END ▶

27

단순/진행/현재완료 시제 모아서 총정리 2

시제와 문형에 알맞은 문장 완성하기

 시제와 문형에 알맞게 표를 완성하세요.

		❶ watch	❷ take
단순현재 (늘) ~하다	긍정문	They _____ TV. 그들은 TV를 시청한다.	He _____ the bus. 그는 그 버스를 탄다.
	부정문	They _____ TV. 그들은 TV를 시청 안 한다.	He _____ the bus. 그는 그 버스를 안 탄다.
	의문문	_____ TV? 그들은 TV를 시청하니?	_____ the bus? 그는 그 버스를 타니?
현재진행 (지금) ~하고 있다	긍정문	They _____ TV. 그들은 TV를 시청하고 있다.	He _____ the bus. 그는 그 버스를 타고 있다.
	부정문	They _____ TV. 그들은 TV를 시청 안 하고 있다.	He _____ the bus. 그는 그 버스를 안 타고 있다.
	의문문	_____ TV? 그들은 TV를 시청하고 있니?	_____ the bus? 그는 그 버스를 타고 있니?
현재완료 (지금까지) ~해 왔다/ ~한 적이 있다	긍정문	_____ TV. 그들은 TV를 시청해 왔다.	_____ the bus. 그는 그 버스를 타 본 적이 있다.
	부정문	_____. 그들은 (지금까지) TV를 시청하지 않았다.	He _____ the bus. 그는 (지금까지) 그 버스를 타 본 적이 없다.
	의문문	_____ TV? 그들은 (지금까지) TV를 시청해 왔니?	_____? 그는 (지금까지) 그 버스를 타 본 적이 있니?

		❸ study	❹ arrive
단순현재 (늘) ~하다	긍정문	You always _____ hard. 너는 항상 공부를 열심히 한다.	It _____ at five. 그것은 5시에 도착한다.
	부정문	You _____ hard. 너는 공부를 열심히 안 한다.	It _____ on time. 그것은 정각에 안 도착한다.
	의문문	_____ English every day? 너는 매일 영어 공부를 하니?	_____ on time? 그것은 제때에 도착하니?
현재진행 (지금) ~하고 있다	긍정문	You _____ now. 너는 지금 공부를 하고 있다.	It _____ now. 그것은 지금 도착하고 있다.
	부정문	You _____ right now. 너는 지금 공부를 안 하고 있다.	It _____ here. 그것은 여기에는 안 도착하고 있다.
	의문문	_____ you _____ hard? 너는 공부를 열심히 하고 있니?	_____ in London? 그것은 런던에 도착하고 있니?
현재완료 (지금까지) ~해 왔다/ ~한 적이 있다	긍정문	You _____ hard. 너는 (지금까지) 공부를 열심히 해 왔다.	It ___ just _____. 그것은 (지금) 막 도착했다.
	부정문	You _____ enough. 너는 (지금까지) 공부를 충분히 하지 않았다.	It _____ yet. 그것은 (지금까지) 아직 도착하지 않았다.
	의문문	_____ for the test? 너는 (지금까지) 시험 공부를 했니?	_____ yet? 그것이 (지금) 벌써 도착했니?

우리말에 알맞은 문장 완성하기

 주어진 동사를 이용해 우리말에 맞는 문장을 완성하세요.

> be   know   lose   make   like   smile   dance
> live   hear   meet   do   leave   stand   come

◀ START ▶

❶ 나는 늦지 않았다.

I _____ late.

**❷ 너는 (지금까지) 그를
만난 적이 있니?**

_____ him?

❸ 그가 이것을 만들었니?

_____ this?

**❻ 너는 (지금까지) 개를
잃어버린 적 있니?**

_____ your dog?

**❺ 우리는 그것을 다시는
안 할 것이다.**

We _____ it again.

❹ 그녀가 웃고 있었니?

_____ she _____?

❼ 그들은 떠나지 않았다.

They _____.

❽ 나는 너를 모른다.

I _____ you.

**❾ 그녀는 (지금까지) 여기서
산 적이 없다.**

She _____ here.

❷ 그는 최선을 다하고 있니?

_____ his best?

⓫ 그들은 일찍 오지 않을 것이다.

They _____ early.

❿ 그들은 줄을 서고 있지 않았다.

They _____ in line.

**⓭ 너는 (지금까지) 그 소식을
들어 본 적이 있니?**

_____ the news?

⓮ 너는 춤을 잘 추니?

_____ well?

⓯ 그녀는 피자를 좋아하니?

_____ pizza?

◀ END ▶

주어진 문장을 여러 가지 시제와 문형으로 바꾸세요.

◀ START ▶

He has gone home.
그는 집에 가 버렸다.

3인칭 단수 현재동사!
❶ 단순현재 시제로

He _____ .

그는 집에 가는 중이다.
❷ 현재진행 시제로

_____ .

be동사를 과거로!
❸ 과거진행 시제로

be동사 삭제!
❹ 단순과거 시제로

_____ .

will + 동사원형
❺ 미래 시제로

_____ .

그들은 집에 갈 것이다.
❻ 주어를 they로

_____ .

그들은 집에 갔다.
❼ 단순과거 시제로

그들은 집에 가는 중이었다.
❽ 과거진행 시제로

_____ .

be동사 시제 주의!
❾ 현재진행 시제로

_____ .

have/has + 과거분사
❿ 현재완료 시제로

_____ .

⓫ 주어를 he로

_____ .

◀ START ▶ 와 같은 문장인가요?   ◀ END ▶

 시제 복습 **01** 우리말에 알맞은 긍정문 완성하기

시제에 주의하여 알맞은 동사 형태로 이야기를 완성하세요.

take　go　get　do　eat

❶ I _____ my best.　나는 (지금까지) 최선을 다해 왔어.

❷ I _____ up early in the morning.　나는 아침 일찍 일어나.

❸ I _____ a shower now.　나는 지금 샤워를 하고 있어.

❹ I _____ to school early yesterday.　나는 어제 일찍 학교에 갔어.

❺ I _____ lunch at 2 yesterday.　나는 어제 2시에는 점심 식사 중이었어.

❻ She _____ her best.　그녀는 (지금까지) 최선을 다해 왔어.

❼ She _____ up early in the morning.　그녀는 아침 일찍 일어나.

❽ She _____ a shower now.　그녀는 지금 샤워를 하고 있어.

❾ She _____ to school early yesterday.　그녀는 어제 일찍 학교에 갔어.

❿ She _____ lunch at 2 yesterday.　그녀는 어제 2시에는 점심 식사 중이었어.

⓫ They _____ their best.　그들은 (지금까지) 최선을 다해 왔어.

⓬ They _____ up early in the morning.　그들은 아침 일찍 일어나.

⓭ They _____ a shower now.　그들은 지금 샤워를 하고 있어.

⓮ They _____ to school early yesterday.　그들은 어제 일찍 학교에 갔어.

⓯ They _____ lunch at 2 yesterday.　그들은 어제 2시에는 점심 식사 중이었어.

시제와 주어에 주의하여 알맞은 동사 형태로 문장을 완성하세요. (단, 부정형은 줄임말로 쓰세요.)

take   go   stay   eat   watch

---

❶ I _____ at home now.   나는 지금 집에 없어.

❷ I _____ shopping yesterday.   나는 어제 쇼핑하러 안 갔어.

❸ I _____ the bus.   나는 (지금까지) 그 버스를 안 타 봤어.

❹ I _____ breakfast at that time.   나는 그때 아침을 안 먹고 있었어.

❺ I _____ the movie.   나는 그 영화를 보지 않을 거야.

---

❻ He _____ at home now.   그는 지금 집에 없어.

❼ He _____ shopping yesterday.   그는 어제 쇼핑하러 안 갔어.

❽ He _____ the bus.   그는 (지금까지) 그 버스를 안 타 봤어.

❾ He _____ breakfast at that time.   그는 그때 아침을 안 먹고 있었어.

❿ He _____ the movie.   그는 그 영화를 보지 않을 거야.

---

⑪ We _____ at home now.   우리는 지금 집에 없어.

⑫ We _____ shopping yesterday.   우리는 어제 쇼핑하러 안 갔어.

⑬ We _____ the bus.   우리는 (지금까지) 그 버스를 안 타 봤어.

⑭ We _____ breakfast at that time.   우리는 그때 아침을 안 먹고 있었어.

⑮ We _____ the movie.   우리는 그 영화를 보지 않을 거야.

시제와 주어에 주의하여 알맞은 동사 형태로 문장을 완성하세요.

make   read   take   watch   finish

① _____ you _____ a shower this morning?   너는 오늘 아침에 샤워를 했니?

② _____ you _____ TV at that time?   너는 그때 TV를 보고 있었어?

③ _____ you _____ a book now?   너는 지금 책을 읽고 있니?

④ _____ you just _____ dinner?   너는 (지금) 막 저녁 식사를 끝냈니?

⑤ _____ you often _____ mistakes?   너는 종종 실수를 하니?

⑥ _____ she _____ a shower this morning?   그녀는 오늘 아침에 샤워를 했니?

⑦ _____ she _____ TV at that time?   그녀는 그때 TV를 보고 있었어?

⑧ _____ she _____ a book now?   그녀는 지금 책을 읽고 있니?

⑨ _____ she just _____ dinner?   그녀는 (지금) 막 저녁 식사를 끝냈니?

⑩ _____ she often _____ mistakes?   그녀는 종종 실수를 하니?

⑪ _____ he _____ a shower this morning?   그는 오늘 아침에 샤워를 했니?

⑫ _____ he _____ TV at that time?   그는 그때 TV를 보고 있었어?

⑬ _____ he _____ a book now?   그는 지금 책을 읽고 있니?

⑭ _____ he just _____ dinner?   그는 (지금) 막 저녁 식사를 끝냈니?

⑮ _____ he often _____ mistakes?   그는 종종 실수를 하니?

주어진 문장을 여러 가지 시제와 문형으로 바꾸세요.

◀ START ▶

They played soccer.
그들은 축구를 했다.

---

was/were + 동사원형+-ing
① 과거진행 시제로

They _____ .

---

be동사 주의!
② 주어를 she로

_____ .

---

am/are/is + 동사원형+-ing
③ 현재진행 시제로

She _____ .

3인칭 단수 현재동사!
④ 단순현재 시제로

She _____ .

그녀는 (지금까지) 축구를 해 본 적이 있다.
⑤ 현재완료 시제로

She _____ .

---

⑥ 단순과거 시제로

She _____ .

---

⑦ 주어를 I로

_____ .

나는 축구를 하고 있다.
⑧ 현재진행 시제로

_____ .

---

have/has + 과거분사
⑨ 현재완료 시제로

_____ .

나는 축구를 했다.
⑩ 단순과거 시제로

_____ .

---

⑪ 주어를 They로

_____ .

◀ START ▶ 와 같은 문장인가요?   ◀ END ▶

단순, 진행, 현재완료까지 **초등 영문법** 시제 총정리

바빠
바쁜 친구들이 즐거워지는
빠른 학습법

5·6
학년용

영어 시제 특강

정답

PART 01 ✦ 단순 시제

01 현재 시제에서 주어가 3인칭 단수일 때는 동사가 바뀌어

시제 훈련 01   17쪽

1 ① kicks   ② knows   ③ stops
2 ① washes   ② fixes   ③ teaches
   ④ watches   ⑤ does   ⑥ misses
3 ① cries   ② tries   ③ marries
   ④ studies   ⑤ carries   ⑥ buries
4 ① plays   ② says   ★ has

시제 훈련 02   18쪽

① buy   ② swims   ③ comes
④ stop   ⑤ buries   ⑥ has
⑦ kicks   ⑧ study   ⑨ fly
⑩ carries   ⑪ lives   ⑫ goes

시제 훈련 03   19쪽

① knows, know   ② does, do
③ teach, teaches   ④ watch, watches
⑤ cries, cry   ⑥ fly, flies
⑦ plays, play   ⑧ wash, washes

02 규칙적으로 변하는 과거 동사는 쉬워

시제 훈련 01   21쪽

1 ① worked   ② cleaned   ③ stayed
2 ① liked   ② danced   ③ lived
3 ① cried   ② tried   ③ hurried
   ④ studied   ⑤ carried   ⑥ buried
4 ① dropped   ② shopped   ③ hugged
   ④ clapped   ⑤ stopped   ⑥ planned

시제 훈련 02   22쪽

① lived   ② tired   ③ closed
④ hugged   ⑤ clapped   ⑥ washed
⑦ stopped   ⑧ hoped   ⑨ studied
⑩ carried   ⑪ hopped   ⑫ watched

시제 훈련 03   23쪽

① work, worked   ② stops, stopped
③ close, closed   ④ clap, clapped
⑤ washes, washed   ⑥ hugs, hugged
⑦ study, studied   ⑧ likes, liked

03 자주 쓰는 동사 중에 불규칙하게 변하는 동사가 많아

시제 훈련 01   25쪽

1 ① put   ② read
2 ① took   ② did   ③ taught   ④ bought
3 ① made   ② sent   ③ heard   ④ spent
   ① came   ② met   ③ sang   ④ won

시제 훈련 02   26쪽

① made   ② put   ③ said
④ had   ⑤ taught   ⑥ did
⑦ cut   ⑧ ran   ⑨ won
⑩ swam   ⑪ came   ⑫ ate

시제 훈련 03   27쪽

① does, did   ② eats, ate
③ sing, sang   ④ buys, bought
⑤ has, had   ⑥ teaches, taught
⑦ sees, saw   ⑧ comes, came

04 be동사는 시제와 주어에 따라 형태가 달라져

시제 훈련 01   29쪽

① is   ② is   ③ are   ④ were
⑤ is   ⑥ were   ⑦ are   ⑧ are
⑨ is   ⑩ are   ⑪ are   ⑫ were

시제 훈련 02   30쪽

① are, were   ② are, were   ③ is, was
④ are, were   ⑤ is, was   ⑥ is, was
⑦ am, was   ⑧ is, was   ⑨ is, was
⑩ is, was   ⑪ is, was   ⑫ are, were

시제 훈련 03   31쪽

① am, was   ② is, was   ③ are, was   ④ is, were
⑤ is, was   ⑥ are, was   ⑦ is, were   ⑧ are, were

05 부정문은 be동사 뒤에 not을 붙이고, 의문문은 be동사를 주어 앞으로 보내

06 일반동사 부정문은 do, does, did 뒤에 not을 붙여

07 일반동사 의문문은 Do, Does, Did를 주어 앞에 써

08 미래 시제는 will 뒤에 동사원형을 써

09 계획하고 예정된 미래에는 be going to를 써

① am going to see　　② is going to leave

③ is going to stay　　④ am going to be

⑤ are going to visit　　⑥ is going to get up

⑦ is going to teach　　⑧ are going to take

⑨ is going to be　　⑩ are going to have

① aren't going to eat　　② am not going to play

③ aren't going to go　　④ isn't going to be

⑤ aren't going to know　　⑥ Are, going to be

⑦ Is, going to snow　　⑧ Is, going to stay

⑨ Are, going to eat　　⑩ Are, going to live

① am going to talk, am not going to talk

② is going to be, isn't going to be

③ is going to buy, isn't going to buy

④ are going to visit, aren't going to visit

⑤ are going to eat, Are, going to eat

⑥ is going to rain, Is, going to rain

⑦ is going to study, Is, going to study

⑧ are going to swim, Are, going to swim

10 단순 시제 복습

① walk, walked, will walk　② builds, built, will build

③ is, was, will be　　④ comes, came, will come

⑤ run, ran, will run　　⑥ stops, stopped, will stop

① doesn't go, didn't go, won't go

② don't meet, didn't meet, won't meet

③ doesn't stay, didn't stay, won't stay

④ Are, Were, Will, be

⑤ Does, have, Did, have, Will, have

⑥ Do, swim, Did, swim, Will, swim

① taught English　　② didn't teach English

③ didn't teach English　　④ don't teach English

⑤ teach English　　⑥ teaches English

⑦ Does she teach English　⑧ Do you teach English

⑨ Does he teach English　⑩ He teaches English

① will get up　　② won't get up

③ She won't get up　　④ will get up

⑤ is going to get up　　⑥ Is she going to get up

⑦ Will she get up　　⑧ Will we get up

⑨ Do we get up　　⑩ get up

PART 02 ✦ 진행 시제

11 '동사 + -ing' 형태를 만드는 규칙을 먼저 알아야 해

시제훈련 01　　61쪽

1　① raining　② reading　③ wearing
2　① riding　② making　③ taking
　④ writing　⑤ using　⑥ coming
3　① winning　② clapping　③ running
　④ swimming　⑤ shopping　⑥ hitting
4　① dying　② lying　③ tying

시제훈련 02　　62쪽

① making　② running　③ winning　④ working
⑤ coming　⑥ clapping　⑦ swimming　⑧ lying
⑨ wearing　⑩ washing　⑪ stopping　⑫ sitting

시제훈련 03　　63쪽

① studying, studying　② winning, winning
③ riding, riding　④ raining, raining
⑤ sitting, sitting　⑥ lying, lying
⑦ using, using　⑧ washing, washing

12 현재 진행되는 일에는 am, are, is가 필요해

시제훈련 01　　65쪽

① I, am, go, going
　I am going to school
② He, is, watch, watching
　He is watching TV
③ They, are, wash, washing
　They are washing their hands
④ It, is, rain, raining
　It is raining
⑤ Jack, is, hit, hitting
　Jack is hitting the ball
⑥ My parents, are, work, working
　My parents are working
⑦ The train, is, leave, leaving
　The train is leaving
⑧ The girl, is, write, writing
　The girl is writing emails

⑨ You, are, run, running
　You are running fast
⑩ The bird, is, fly, flying
　The bird is flying away

시제훈련 02　　67쪽

① do, am doing　② swims, is swimming
③ sing, are singing　④ smiles, is smiling
⑤ studies, is studying　⑥ eats, is eating
⑦ play, are playing baseball
⑧ cooks, She is cooking

13 과거 진행되었던 일에는 was, were가 필요해

시제훈련 01　　69쪽

① I, was, come, coming
　I was coming home
② He, was, take, taking
　He was taking a shower
③ Linda, was, wear, wearing
　Linda was wearing pants.
④ They, were, sing, singing
　They were singing last night
⑤ Jack, was, study, studying
　Jack was studying hard
⑥ My friends, were, wait, waiting
　My friends were waiting for a bus
⑦ They, were, do, doing
　They were doing their homework
⑧ You, were, make, making
　You were making sandwiches
⑨ My brother, was, go, going
　My brother was going to school
⑩ I, was, write, writing
　I was writing his name

시제훈련 02　　71쪽

① slept, was sleeping　② wore, was wearing
③ danced, were dancing　④ met, were meeting
⑤ cut, were cutting　⑥ watched, were watching
⑦ hugged, was hugging　⑧ rode, was riding

14 진행 시제 부정문은 be동사 뒤에 not을 붙여

시제훈련 01 73쪽

① I, 과거, was, hit, hitting
   I wasn't hitting the ball
② He, 현재, is, watch, watching
   He isn't watching TV
③ They, 현재, are, wash, washing
   They aren't washing their hands
④ It, 현재, is, rain, raining
   It isn't raining
⑤ Jack, 과거, was, study, studying
   Jack wasn't studying hard
⑥ My parents, 현재, are, work, working
   My parents aren't working
⑦ You, 과거, were, do, doing,
   You weren't doing your homework.
⑧ The train, 현재, is, leave, leaving,
   The train isn't leaving
⑨ We, 현재, are, run, running,
   We aren't running fast
⑩ She, 과거, was, write, writing,
   She wasn't writing her name

시제훈련 02 75쪽

① aren't helping, weren't helping
② am not cleaning, wasn't cleaning
③ isn't wearing, wasn't wearing
④ isn't doing. wasn't doing
⑤ aren't winning, weren't winning
⑥ isn't playing, wasn't playing
⑦ isn't drinking, wasn't drinking
⑧ isn't taking, wasn't taking

15 진행 시제 의문문은 be동사를 주어 앞에 써

시제훈련 01 77쪽

① you, 과거, were, go, going,
   Were you going to school
② Jack, 현재, is, hit, hitting
   Is Jack hitting a ball
③ they, 과거, were, live, living
   Were they living here
④ the girl, 현재, is, write, writing
   Is the girl writing emails
⑤ he, 과거, was, take, taking
   Was he taking the bus?
⑥ your friends, 과거, were, wait, waiting
   Were your friends waiting for you
⑦ you, 현재, are, feed, feeding
   Are you feeding the dog
⑧ it, 현재, is, rain, raining
   Is it raining hard
⑨ they, 현재, are, do, doing
   Are they doing their homework
⑩ you, 과거, were, make, making
   Were you making pancakes

시제훈련 02 79쪽

① Are, learning, Were, learning
② Is, using, Was, using ③ Is, telling, Was, telling
④ Is, calling, Was, calling ⑤ Is, eating, Was, eating
⑥ Are, reading, Were, reading
⑦ Is, sleeping, Was, sleeping
⑧ Is, cooking, Was, cooking

16 진행 시제 복습

시제복습 01 80쪽

①

is coming	was coming
are coming	were coming

②

am sitting	was sitting
are sitting	were sitting

③

are building	were building
is building	was building

④

is looking	was looking
are looking	were looking

⑤

am reading	were reading
is reading	was reading

시제복습 02 81쪽

①

am not sleeping	weren't sleeping
isn't sleeping	wasn't sleeping

②

aren't watching	wasn't watching
isn't watching	wasn't watching

③

am not moving	weren't moving
isn't moving	wasn't moving

④

am not eating	wasn't eating
isn't eating	weren't eating

⑤

isn't smiling	wasn't smiling
aren't smiling	weren't smiling

⑥

am not washing	wasn't washing
isn't washing	wasn't washing the dog

시제복습 03 82쪽

①

Are, drawing	Were, drawing
Is, drawing	Was, drawing

②

Is, playing	Were, playing
Am, playing	Were, playing

③

Are, cutting	Was, cutting
Is, cutting	Were, cutting

④

Is, doing	Was, doing
Are, doing	Was, doing

⑤

Is, closing	Was, closing
Are, closing	Were, closing

⑥

Is, swimming	Were, swimming
Are, swimming	Were, swimming

시제복습 04 83쪽

① am swimming ② Are you swimming
③ wasn't swimming ④ were sleeping
⑤ Is she sleeping ⑥ isn't sleeping
⑦ isn't raining ⑧ Was it raining
⑨ was raining ⑩ were crying
⑪ Are they crying ⑫ isn't crying
⑬ were coming ⑭ Is he coming
⑮ isn't coming

17 단순/진행 시제 모아서 총정리 1

시제복습 01　84쪽

①

walks	is walking
walked	were walking to school
will walk	-

②

study	am studying
study	are studying hard
studied	was studying
studied	were studying hard
will study	-

③

makes	is making
make	are making pancakes
made	was making
made	were making pancakes
will make	-

시제복습 02　85쪽

① draw, drew, am drawing

② runs, ran, is running

③ learns, learned, is learning

④ build, built, am building

⑤ reads, read, is reading

⑥ sings, sang, is singing

시제복습 03　86쪽

① was jogging　② jogged　③ am jogging

④ were stopping　⑤ stopped　⑥ stops

⑦ die　⑧ died　⑨ is dying

⑩ will dance　⑪ danced　⑫ am dancing

⑬ lied　⑭ will lie　⑮ You are lying

시제복습 04　87쪽

① walked　② wears　③ is playing

④ were sleeping　⑤ walked　⑥ were waiting

⑦ is playing　⑧ wore　⑨ lives

⑩ are waiting　⑪ slept　⑫ am wearing

⑬ lived　⑭ He plays baseball

⑮ Jack waited

18 단순/진행 시제 모아서 총정리 2

시제복습 01　88쪽

①

doesn't watch	isn't watching
don't watch	aren't watching
didn't watch	wasn't watching
	weren't watching
won't watch	-

②

don't use	am not using
doesn't use	isn't using
don't use	aren't using the phone
didn't use	wasn't using
didn't use	weren't using
won't use	-

③

don't sit	am not sitting
doesn't sit	isn't sitting
don't sit	aren't sitting on the chair
didn't sit	wasn't sitting
didn't sit	weren't sitting on the chair
won't sit	-

시제복습 02　89쪽

①

Does, work	Is, working
Do, work	Are, working late
Did, work	Was, working
	Were, working late
Will, work	-

②

Do, close	Are
Does, close	Is, closing
Do, close	Are, closing the door
Did, close	Was, closing
Did, close	Were, closing the door
Will, close	-

③

Do, take	taking
Dose, take	Is, taking
Do, take	Are, taking a shower
take	Was, taking
Did, take	Were, taking a shower
Will, take	-

시제복습 03 90쪽

① Did you win
② Does she sing
③ didn't run
④ Is she working
⑤ Is she winning
⑥ doesn't sing
⑦ Will he run
⑧ am not working
⑨ won't win
⑩ aren't singing
⑪ Were they running
⑫ Do they study
⑬ Are they studying
⑭ didn't work
⑮ wasn't studying

시제복습 04 91쪽

① am reading a book
②-1 am not reading a book
②-2 You are reading a book
③-1 isn't reading a book
③-2 Are you reading a book
④-1 is reading a book
④-2 Do you read a book
⑤-1 reads a book
⑤-2 You read a book
⑥ read a book

PART 03 ✦ (현재) 완료 시제

19 규칙 동사의 과거분사형은 과거형과 똑같아

시제훈련 01 97쪽

1 ① worked ② learned ③ stayed
2 ① closed ② lived ③ arrived
3 ① dried ② cried ③ carried
  ④ studied ⑤ hurried ⑥ worried
4 ① shopped ② stopped ③ clapped
  ④ planned ⑤ begged ⑥ grabbed

시제훈련 02 98쪽

① work, worked, worked
② learns, learned, learned
③ rain, rained, rained
④ lives, lived, lived
⑤ wait, waited, waited
⑥ talks, talked, talked
⑦ finishes, finished, finished
⑧ loves, loved, loved

시제훈련 03 99쪽

① learn, learned, learned
② study, studied, studied
③ worries, worried, worried
④ try, tried, tried
⑤ washes, washed, washed
⑥ close, closed, closed
⑦ stops, stopped, stopped
⑧ plans, planned, planned

20 제멋대로 변하는 과거분사형도 있어

시제훈련 01 101쪽

1 ① cut ② read
2 ① run ② come
3 ① had ② found ③ made ④ heard
4 ① been ② eaten ③ gone ④ seen

시제훈련 02 102쪽

① teach, taught, taught
② buy, bought, bought
③ think, thought, thought
④ go, went, gone
⑤ is, was/were, been
⑥ eats, ate, eaten
⑦ grows, grew, grown
⑧ breaks, broke, broken

① cut, cut, cut   ② puts, put, put
③ does, did, done   ④ write, wrote, written
⑤ come, came, come   ⑥ win, won, won
⑦ see, saw, seen   ⑧ catches, caught, caught

21 현재완료는 과거부터 현재까지 있었던 일을 나타내

① was, have been   ② worked, have worked
③ lived, has lived

① have stayed   ② stayed   ③ learned
④ have learned   ⑤ arrived   ⑥ has, arrived

① finished, have finished   ② waited, has waited
③ lived, have lived   ④ talked, have talked
⑤ learned, has learned   ⑥ rained, has rained
⑦ worked, have worked   ⑧ used, has used

22 현재완료는 과거로 해석되지만 현재를 나타내

① I, have, see, seen, (see- saw- seen)
    I have seen the movie
② He, has, read, read, (read-read-read)
    He has read the book
③ We, have, meet, met, (meet-met-met)
    We have met them
④ Ben, has, have, had, (have-had-had)
    Ben has had a cold
⑤ I, have, eat, eaten, (eat-ate-eaten)
    I have eaten chocolate
⑥ They, have, know, known, (know-knew-known)
    They have known her
⑦ My teacher, has, say, said, (say-said-said)
    My teacher has said so
⑧ The girl, has, write, written, (write-wrote-written)
    The girl has written an email
⑨ We, have, make, made, (make-made-made)
    We have made a plan
⑩ My brother, has, be, been, (be-was/were-been)
    My brother has been sick

① does, has done   ② teaches, has taught
③ live, have lived   ④ see, have seen
⑤ stopped, has stopped   ⑥ became, has become
⑦ ate, has eaten   ⑧ came, has come

23 현재완료 부정문은 have/has 뒤에 not을 붙여

① He, has, gone, (go-went-gone)
    He hasn't gone home
② She, has, taken, (take-took-taken)
    She hasn't taken a shower
③ They, have, met, (meet-met-met)
    They haven't met each other
④ It, has, rained, (rain-rained-rained)
    It hasn't rained
⑤ Jack, has, studied, (study-studied-studied)
    Jack hasn't studied hard
⑥ They, have, seen, (see-saw-seen)
    They haven't seen a lion
⑦ I, have, done, (do-did-done)
    I haven't done my homework
⑧ Ellen, has, lived, (live-lived-lived)
    Ellen hasn't lived in America
⑨ We, have, run, (run-ran-run)
    We haven't run
⑩ She, has, thought, (think-thought-thought)
    She hasn't thought about it

① didn't help, haven't helped
② didn't call, hasn't called
③ didn't find, haven't found
④ didn't lose, haven't lost
⑤ didn't have, hasn't had
⑥ didn't teach, hasn't taught
⑦ didn't meet, haven't met
⑧ didn't live, haven't lived

24 현재완료 의문문은 Have/Has를 주어 앞에 써

시제훈련 01 117쪽

① you, have, eaten, (eat-ate-eaten)
　Have you eaten
② they, have, known, (know-knew-known)
　Have they known
③ you, have, lost, (lose-lost-lost)
　Have you lost your money
④ she, has, sent, (send-sent-sent)
　Has she sent you
⑤ he, has, built, (build-built-built)
　Has he built a house
⑥ your friend, has, waited, (wait- waited- waited)
　Has your friend waited
⑦ Jack, has, taught, (teach-taught-taught)
　Has Jack taught you
⑧ she, has, been, (be-was/were/been)
　Has she been sick
⑨ they, have, cut, (cut-cut-cut)
　Have they cut potatoes
⑩ you, have, made, (make-made-made)
　Have you made a mistake

시제훈련 02 119쪽

① Did, come, Has, come　② Did, play, Has, played
③ Did, hear, Have, heard　④ Did, see, Have, seen
⑤ Did, feed, Have, fed　⑥ Did, eat, Has, eaten
⑦ Did, cut, Have, cut　⑧ Did, buy, Has, bought

25 현재완료 시제 복습

시제복습 01 120쪽

① has come, have come　② has lived, have lived
③ has gone, have gone　④ have learned, has learned
⑤ have done, has done　⑥ have made, has made
⑦ have lied, have lied　⑧ have lost, have lost

시제복습 02 121쪽

① haven't slept, hasn't slept
② haven't watched, hasn't watched
③ haven't answered, hasn't answered
④ haven't eaten, hasn't eaten
⑤ hasn't arrived, haven't arrived
⑥ haven't washed, hasn't washed
⑦ haven't seen, haven't seen
⑧ hasn't moved, hasn't moved

시제복습 03 122쪽

① Have, made, Has, made
② Have, drawn, Have, drawn
③ Has, studied, Have, studied
④ Have, done, Have, done
⑤ Have, seen, Have, seen
⑥ Has, begun, Have, begun,
⑦ Have, met, Has, met
⑧ Have, eaten, Have, eaten

시제복습 04 123쪽

① have, eaten　② has met
③ has done　④ has, stopped
⑤ have done　⑥ Have you lost
⑦ haven't eaten　⑧ have known
⑨ Have you heard　⑩ has stopped
⑪ haven't heard　⑫ have lost
⑬ Have you met　⑭ haven't finished
⑮ Have you known

시제복습 01   124쪽

1　① do, does, do
　　② don't do, doesn't do, don't do
　　③ Do, do, Does, do, Do, do

2　① slept, slept, slept
　　② didn't sleep, didn't sleep, didn't sleep
　　③ Did, sleep, Did, sleep, Did, sleep

3　① will arrive, will arrive, will arrive
　　② won't arrive, won't arrive, won't arrive
　　③ Will, arrive, Will, arrive, Will, arrive

4　① am doing, is doing, are doing
　　② am not doing, isn't doing, aren't doing
　　③ Am, doing, Is, doing, Are, doing

5　① were sleeping, was sleeping, were sleeping
　　② weren't sleeping, wasn't sleeping, weren't sleeping
　　③ Were, sleeping, Was, sleeping, Were, sleeping

6　① has arrived, has arrived, have arrived
　　② hasn't arrived, hasn't arrived, haven't arrived
　　③ Has, arrived, Has, arrived, Have, arrived

시제복습 02   126쪽

① don't eat breakfast　② haven't eaten breakfast
③ hasn't eaten breakfast　④ has eaten breakfast
⑤ She eats breakfast　⑥ is eating breakfast
⑦ Is she eating breakfast　⑧ Am I eating breakfast
⑨ I am eating breakfast　⑩ I eat breakfast

시제복습 03   127쪽

① have, arrived　② watches
③ was running　④ was stopping
⑤ have done　⑥ have lost　⑦ are lying
⑧ were swimming　⑨ has heard　⑩ sat
⑪ clapped　⑫ is dying　⑬ He comes
⑭ have met　⑮ made

시제복습 01   128쪽

①

watch
don't watch
Do they watch
are watching
aren't watching
Are they watching
They have watched
They haven't watched TV
Have they watched

②

takes
doesn't take
Does he take
is taking
isn't taking
Is he taking
He has taken
hasn't taken
Has he taken the bus

③

study
don't study
Do you study
are studying
aren't studying
Are, studying
have studied
haven't studied
Have you studied

④

arrives
doesn't arrive
Does it arrive
is arriving
isn't arriving
Is it arriving
has, arrived
hasn't arrived
Has it arrived

28 단순/진행/현재완료 시제 모아서 총정리 3

꼭 외워야 할 불규칙 동사표

"비-워즈/워-빈-비잉" 큰 소리로 읽고, 손으로 가리고 반복해서 읽어 보세요.

동사원형	뜻 (~하다)	과거형	과거분사형	동사+-ing(현재분사형)
be	~이다, ~있다	was/were	been	being
bear	참다, 견디다	bore	born	bearing
become	~이 되다	became	become	becoming
begin	시작하다	began	begun	beginning
bite	물다	bit	bitten	biting
blow	불다	blew	blown	blowing
break	부수다	broke	broken	breaking
bring	가지고 오다	brought	brought	bringing
build	짓다	built	built	building
buy	사다	bought	bought	buying
catch	잡다	caught	caught	catching
choose	고르다	chose	chosen	choosing
come	오다	came	come	coming
cost	(값이) 들다	cost	cost	costing
cut	자르다	cut	cut	cutting
dig	(땅을) 파다	dug	dug	digging
do	하다	did	done	doing
draw	그리다, 당기다	drew	drawn	drawing
drink	마시다	drank	drunk	drinking
drive	운전하다	drove	driven	driving
eat	먹다	ate	eaten	eating
fall	떨어지다	fell	fallen	falling
feed	먹이다	fed	fed	feeding
feel	느끼다	felt	felt	feeling
fight	싸우다	fought	fought	fighting
find	찾다	found	found	finding
fly	날다	flew	flown	flying
forget	잊다	forgot	forgotten	forgetting
freeze	얼다	froze	frozen	freezing
get	받다, 얻다	got	got(gotten)	getting

특별 부록에는 꼭 외워야 할 불규칙 동사의 3단 변화를 쓰면서 공부할 수 있어요.

동사원형	뜻 (~하다)	과거형	과거분사형	동사+-ing(현재분사형)
give	주다	gave	given	giving
go	가다	went	gone	going
grow	자라다	grew	grown	growing
hang	매달다	hung	hung	hanging
have	가지다	had	had	having
hear	듣다	heard	heard	hearing
hide	숨다, 숨기다	hid	hidden	hiding
hit	치다	hit	hit	hitting
hold	쥐다	held	held	holding
hurt	다치게 하다	hurt	hurt	hurting
keep	유지하다	kept	kept	keeping
know	알다	knew	known	knowing
lay	눕히다	laid	laid	laying
lead	이끌다	led	led	leading
leave	떠나다	left	left	leaving
lend	빌려주다	lent	lent	lending
let	~하게 하다	let	let	letting
lie	눕다	lay	lain	lying
lose	잃다	lost	lost	losing
make	만들다	made	made	making
mean	의미하다	meant	meant	meaning
meet	만나다	met	met	meeting
pay	지불하다	paid	paid	paying
put	두다	put	put	putting
read	읽다	read[red]	read[red]	reading
ride	타다	rode	ridden	riding
ring	울리다	rang	rung	ringing
rise	오르다, 일어서다	rose	risen	rising
run	달리다	ran	run	running
say	말하다	said	said	saying

특별 부록에는 꼭 외워야 할 불규칙 동사의 3단 변화를 쓰면서 공부할 수 있어요.

동사원형	뜻 (~하다)	과거형	과거분사형	동사+-ing(현재분사형)
see	보다	saw	seen	seeing
sell	팔다	sold	sold	selling
send	보내다	sent	sent	sending
set	놓다	set	set	setting
shake	흔들다	shook	shaken	shaking
show	보여주다	showed	shown	showing
shut	닫다	shut	shut	shutting
sing	노래하다	sang	sung	singing
sink	가라앉다	sank	sunk	sinking
sit	앉다	sat	sat	sitting
sleep	자다	slept	slept	sleeping
speak	말하다	spoke	spoken	speaking
spend	쓰다, 소비하다	spent	spent	spending
spread	퍼지다	spread	spread	spreading
stand	서다	stood	stood	standing
steal	훔치다	stole	stolen	stealing
swim	수영하다	swam	swum	swimming
take	가지고[데리고] 가다	took	taken	taking
teach	가르치다	taught	taught	teaching
tear	찢다	tore	torn	tearing
tell	말하다	told	told	telling
think	생각하다	thought	thought	thinking
throw	던지다	threw	thrown	throwing
understand	이해하다	understood	understood	understanding
wake	깨다	woke	woken	waking
wear	입고 있다	wore	worn	wearing
weep	울다	wept	wept	weeping
win	이기다	won	won	winning
write	쓰다	wrote	written	writing

바빠 시리즈 초등 학년별 추천 도서

학년	**학기별 연산책 바빠 교과서 연산** 학기 중, 선행용으로 추천!	**나 혼자 푼다 바빠 수학 문장제** 학교 시험 서술형 완벽 대비!
1학년	· 바빠 교과서 연산 1-1 · 바빠 교과서 연산 1-2	· 나 혼자 푼다 바빠 수학 문장제 1-1 · 나 혼자 푼다 바빠 수학 문장제 1-2
2학년	· 바빠 교과서 연산 2-1 · 바빠 교과서 연산 2-2	· 나 혼자 푼다 바빠 수학 문장제 2-1 · 나 혼자 푼다 바빠 수학 문장제 2-2
3학년	· 바빠 교과서 연산 3-1 · 바빠 교과서 연산 3-2	· 나 혼자 푼다 바빠 수학 문장제 3-1 · 나 혼자 푼다 바빠 수학 문장제 3-2
4학년	· 바빠 교과서 연산 4-1 · 바빠 교과서 연산 4-2	· 나 혼자 푼다 바빠 수학 문장제 4-1 · 나 혼자 푼다 바빠 수학 문장제 4-2
5학년	· 바빠 교과서 연산 5-1 · 바빠 교과서 연산 5-2	· 나 혼자 푼다 바빠 수학 문장제 5-1 · 나 혼자 푼다 바빠 수학 문장제 5-2
6학년	· 바빠 교과서 연산 6-1 · 바빠 교과서 연산 6-2	· 나 혼자 푼다 바빠 수학 문장제 6-1 · 나 혼자 푼다 바빠 수학 문장제 6-2

'바빠 교과서 연산'과
'나 혼자 문장제'를
함께 풀면
한 학기 수학 완성!

바쁜 친구들이 즐거워지는
빠른 학습법

바빠

5·6
학년용

영어 시제 특강

불규칙 동사의
3단 변화 쓰기 노트

이 책으로 초·중 필수
불규칙 동사의 3단 변화를
암기할 수 있어요!

이지스에듀

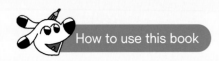

불규칙 동사의 3단 변화 쓰기 노트 **활용법**

1 유형별로 정리해서 외우기

먼저, 유형별로 정리된 동사표로 공부합니다.
음원을 듣고 '컷-컷-컷' 큰 소리로 5번씩 읽으며
외워 보세요.

꼭 외워야 할 불규칙 동사 3단 변화	**A-A-A형**		CHECK
동사원형	**뜻(~하다)**	**과거형**	**과거분사형(p.p.)**
cut	자르다	cut	cut
hit	치다	hit	hit
let	~하게 하다	let	let
put	두다	put	put
set	놓다	set	set
cost	(값이) 들다	cost	cost

듣고, 소리 내어 읽으며 외워 보세요.

2 스스로 테스트하기

동사원형을 보고 뜻, 과거형, 과거분사형을 써
보세요. 그리고 앞면으로 돌아가 정답을 맞혀
보세요.

잘 외웠는지 직접 쓰면서 확인해 보세요.   점수 / 10

동사원형	**뜻(~하다)**	**과거형**	**과거분사형(p.p.)**
cut			
hit			
let			
put			
set			
cost			
hurt			

3 알파벳 순서로 모아서 외우기

앞에서 공부한 동사들을 알파벳 순서로 모아 다시
학습합니다. 유형에 상관없이 잘 알고 있는지 확인
해 보세요.

꼭 외워야 할 불규칙 동사 3단 변화	**알파벳 순서로 모아 보기 ①**		CHECK
동사원형	**뜻(~하다)**	**과거형**	**과거분사형(p.p.)**
be	~이다, ~있다	was/were	been
bear	참다, 견디다	bore	born
become	~이 되다	became	become
begin	시작하다	began	begun
bite	물다	bit	bitten
blow	불다	blew	blown
break	부수다	broke	broken
bring	가지고 오다	brought	brought
build	짓다	built	built
buy	사다	bought	bought

듣고, 소리 내어 읽으며 외워 보세요.

4 오답 정리하기

정답을 맞혀 본 다음, 틀린 동사만 골라 확실히 외
울 때까지 3단 변화 오답 노트(31~32쪽)에 쓰면
서 정리해 보세요.

3단 변화 오답 노트

앞에서 틀린 동사만 모아 확실히 외울 때까지 반복해서 써 보세요.

동사원형	**뜻(~하다)**	**과거형**	**과거분사형(p.p.)**

A-A-A형

 듣고, 소리 내어 읽으며 외워 보세요.

동사원형	뜻(~하다)	과거형	과거분사형(p.p.)
cut	자르다	cut	cut
hit	치다	hit	hit
let	~하게 하다	let	let
put	두다	put	put
set	놓다	set	set
cost	(값이) 들다	cost	cost
hurt	다치게 하다	hurt	hurt
read	읽다	read [red]	read [red]
shut	닫다	shut	shut
spread	퍼지다	spread	spread

동사원형	뜻(~하다)	과거형	과거분사형(p.p.)
cut			
hit			
let			
put			
set			
cost			
hurt			
read			
shut			
spread			

A-B-A형

 듣고, 소리 내어 읽으며 외워 보세요.

동사원형	뜻(~하다)	과거형	과거분사형(p.p.)
run	달리다	ran	run
come	오다	came	come
become	~이 되다	became	become

A-B-B형 ①

 듣고, 소리 내어 읽으며 외워 보세요.

동사원형	뜻(~하다)	과거형	과거분사형(p.p.)
sell	팔다	sold	sold
tell	말하다	told	told
get	받다, 얻다	got	got(gotten)
win	이기다	won	won

동사원형	뜻(~하다)	과거형	과거분사형(p.p.)
run			
come			
become			

동사원형	뜻(~하다)	과거형	과거분사형(p.p.)
sell			
tell			
get			
win			

A-B-B형 ②

 듣고, 소리 내어 읽으며 외워 보세요.

동사원형	뜻(~하다)	과거형	과거분사형(p.p.)
hang	매달다	hung	hung
dig	(땅을) 파다	dug	dug
have	가지다	had	had
hear	듣다	heard	heard
sit	앉다	sat	sat
meet	만나다	met	met
feed	먹이다	fed	fed
lead	이끌다	led	led
lay	눕히다	laid	laid
pay	지불하다	paid	paid
say	말하다	said	said

동사원형	뜻(~하다)	과거형	과거분사형(p.p.)
hang			
dig			
have			
hear			
sit			
meet			
feed			
lead			
lay			
pay			
say			

 듣고, 소리 내어 읽으며 외워 보세요.

동사원형	뜻(~하다)	과거형	과거분사형(p.p.)
lend	빌려주다	lent	lent
send	보내다	sent	sent
spend	쓰다, 소비하다	spent	spent
build	짓다	built	built
keep	유지하다	kept	kept
weep	울다	wept	wept
sleep	자다	slept	slept
feel	느끼다	felt	felt
leave	떠나다	left	left
lose	잃다	lost	lost
mean	의미하다	meant	meant

동사원형	뜻(~하다)	과거형	과거분사형(p.p.)
lend			
send			
spend			
build			
keep			
weep			
sleep			
feel			
leave			
lose			
mean			

 듣고, 소리 내어 읽으며 외워 보세요.

동사원형	뜻(~하다)	과거형	과거분사형(p.p.)
stand	서다	stood	stood
understand	이해하다	understood	understood
find	찾다	found	found
hold	쥐다	held	held
make	만들다	made	made
catch	잡다	caught	caught
teach	가르치다	taught	taught
buy	사다	bought	bought
fight	싸우다	fought	fought
think	생각하다	thought	thought
bring	가지고 오다	brought	brought

동사원형	뜻(~하다)	과거형	과거분사형(p.p.)
stand			
understand			
find			
hold			
make			
catch			
teach			
buy			
fight			
think			
bring			

 듣고, 소리 내어 읽으며 외워 보세요.

동사원형	뜻(~하다)	과거형	과거분사형(p.p.)
be	~이다, ~있다	was/were	been
do	하다	did	done
go	가다	went	gone
lie	눕다	lay	lain
ring	울리다	rang	rung
sing	노래하다	sang	sung
sink	가라앉다	sank	sunk
swim	수영하다	swam	swum
drink	마시다	drank	drunk
begin	시작하다	began	begun

동사원형	뜻(~하다)	과거형	과거분사형(p.p.)
be			
do			
go			
lie			
ring			
sing			
sink			
swim			
drink			
begin			

A-B-C형 ②

 듣고, 소리 내어 읽으며 외워 보세요.

동사원형	뜻(~하다)	과거형	과거분사형(p.p.)
eat	먹다	ate	eaten
fall	떨어지다	fell	fallen
give	주다	gave	given
hide	숨다, 숨기다	hid	hidden
bite	물다	bit	bitten
ride	타다	rode	ridden
rise	오르다, 일어서다	rose	risen
drive	운전하다	drove	driven
write	쓰다	wrote	written
forget	잊다	forgot	forgotten

동사원형	뜻(~하다)	과거형	과거분사형(p.p.)
eat			
fall			
give			
hide			
bite			
ride			
rise			
drive			
write			
forget			

A-B-C형 ③

 듣고, 소리 내어 읽으며 외워 보세요.

동사원형	뜻(~하다)	과거형	과거분사형(p.p.)
see	보다	saw	seen
draw	그리다, 당기다	drew	drawn
fly	날다	flew	flown
blow	불다	blew	blown
grow	자라다	grew	grown
know	알다	knew	known
throw	던지다	threw	thrown
bear	참다, 견디다	bore	born
tear	찢다	tore	torn
wear	입다	wore	worn

동사원형	뜻(~하다)	과거형	과거분사형(p.p.)
see			
draw			
fly			
blow			
grow			
know			
throw			
bear			
tear			
wear			

A-B-C형 ④

 듣고, 소리 내어 읽으며 외워 보세요.

동사원형	뜻(~하다)	과거형	과거분사형(p.p.)
take	가지고[데리고] 가다	took	taken
shake	흔들다	shook	shaken
wake	깨다	woke	waken
break	부수다	broke	broken
speak	말하다	spoke	spoken
steal	훔치다	stole	stolen
freeze	얼다	froze	frozen
choose	고르다	chose	chosen
show	보여주다	showed	shown

어려웠던 부분은 꼭 표시해 두고 다시 보세요.

동사원형	뜻(~하다)	과거형	과거분사형(p.p.)
take			
shake			
wake			
break			
speak			
steal			
freeze			
choose			
show			

지금까지 틀렸던
동사들을 모두
오답 노트(31쪽)에
옮겨 적어 보세요.

꼭 외워야 할
불규칙 동사의
3단 변화

알파벳 순서로 모아 보기 ①

CHECK
1번 읽고 1번 체크

 듣고, 소리 내어 읽으며 외워 보세요.

동사원형	뜻(~하다)	과거형	과거분사형(p.p.)
be	~이다, ~있다	was/were	been
bear	참다, 견디다	bore	born
become	~이 되다	became	become
begin	시작하다	began	begun
bite	물다	bit	bitten
blow	불다	blew	blown
break	부수다	broke	broken
bring	가지고 오다	brought	brought
build	짓다	built	built
buy	사다	bought	bought
catch	잡다	caught	caught
choose	고르다	chose	chosen
come	오다	came	come
cost	(값이) 들다	cost	cost
cut	자르다	cut	cut

동사원형	뜻(~하다)	과거형	과거분사형(p.p.)
be			
bear			
become			
begin			
bite			
blow			
break			
bring			
build			
buy			
catch			
choose			
come			
cost			
cut			

꼭 외워야 할
불규칙 동사의
3단 변화

알파벳 순서로 모아 보기 ②

CHECK
1번 읽고 1번 체크

 듣고, 소리 내어 읽으며 외워 보세요.

동사원형	뜻(~하다)	과거형	과거분사형(p.p.)
dig	(땅을) 파다	dug	dug
do	하다	did	done
draw	그리다, 당기다	drew	drawn
drink	마시다	drank	drunk
drive	운전하다	drove	driven
eat	먹다	ate	eaten
fall	떨어지다	fell	fallen
feed	먹이다	fed	fed
feel	느끼다	felt	felt
fight	싸우다	fought	fought
find	찾다	found	found
fly	날다	flew	flown
forget	잊다	forgot	forgotten
freeze	얼다	froze	frozen
get	받다, 얻다	got	got(gotten)

동사원형	뜻(~하다)	과거형	과거분사형(p.p.)
dig			
do			
draw			
drink			
drive			
eat			
fall			
feed			
feel			
fight			
find			
fly			
forget			
freeze			
get			

 듣고, 소리 내어 읽으며 외워 보세요.

동사원형	뜻(~하다)	과거형	과거분사형(p.p.)
give	주다	gave	given
go	가다	went	gone
grow	자라다	grew	grown
hang	매달다	hung	hung
have	가지다	had	had
hear	듣다	heard	heard
hide	숨다, 숨기다	hid	hidden
hit	치다	hit	hit
hold	쥐다	held	held
hurt	다치게 하다	hurt	hurt
keep	유지하다	kept	kept
know	알다	knew	known
lay	눕히다	laid	laid
lead	이끌다	led	led
leave	떠나다	left	left

동사원형	뜻(~하다)	과거형	과거분사형(p.p.)
give			
go			
grow			
hang			
have			
hear			
hide			
hit			
hold			
hurt			
keep			
know			
lay			
lead			
leave			

알파벳 순서로 모아 보기 ④

 듣고, 소리 내어 읽으며 외워 보세요.

동사원형	뜻(~하다)	과거형	과거분사형(p.p.)
lend	빌려주다	lent	lent
let	~하게 하다	let	let
lie	눕다	lay	lain
lose	잃다	lost	lost
make	만들다	made	made
mean	의미하다	meant	meant
meet	만나다	met	met
pay	지불하다	paid	paid
put	두다	put	put
read	읽다	read [red]	read [red]
ride	타다	rode	ridden
ring	울리다	rang	rung
rise	오르다, 일어서다	rose	risen
run	달리다	ran	run
say	말하다	said	said

동사원형	뜻(~하다)	과거형	과거분사형(p.p.)
lend			
let			
lie			
lose			
make			
mean			
meet			
pay			
put			
read			
ride			
ring			
rise			
run			
say			

💡 듣고, 소리 내어 읽으며 외워 보세요.

동사원형	뜻(~하다)	과거형	과거분사형(p.p.)
see	보다	saw	seen
sell	팔다	sold	sold
send	보내다	sent	sent
set	놓다	set	set
shake	흔들다	shook	shaken
show	보여주다	showed	shown
shut	닫다	shut	shut
sing	노래하다	sang	sung
sink	가라앉다	sank	sunk
sit	앉다	sat	sat
sleep	자다	slept	slept
speak	말하다	spoke	spoken
spend	쓰다, 소비하다	spent	spent
spread	퍼지다	spread	spread
stand	서다	stood	stood

동사원형	뜻(~하다)	과거형	과거분사형(p.p.)
see			
sell			
send			
set			
shake			
show			
shut			
sing			
sink			
sit			
sleep			
speak			
spend			
spread			
stand			

알파벳 순서로 모아 보기 ⑥

 듣고, 소리 내어 읽으며 외워 보세요.

동사원형	뜻(~하다)	과거형	과거분사형(p.p.)
steal	훔치다	stole	stolen
swim	수영하다	swam	swum
take	가지고[데리고] 가다	took	taken
teach	가르치다	taught	taught
tear	찢다	tore	torn
tell	말하다	told	told
think	생각하다	thought	thought
throw	던지다	threw	thrown
understand	이해하다	understood	understood
wake	깨다	woke	woken
wear	입고 있다	wore	worn
weep	울다	wept	wept
win	이기다	won	won
write	쓰다	wrote	written

동사원형	뜻(~하다)	과거형	과거분사형(p.p.)
steal			
swim			
take			
teach			
tear			
tell			
think			
throw			
understand			
wake			
wear			
weep			
win			
write			

3단 변화 오답 노트

앞에서 틀린 동사만 모아 확실히 외울 때까지 반복해서 써 보세요.

동사원형	뜻(~하다)	과거형	과거분사형(p.p.)

3단 변화 오답 노트

💡 앞에서 틀린 동사만 모아 확실히 외울 때까지 반복해서 써 보세요.

동사원형	뜻(~하다)	과거형	과거분사형(p.p.)

바빠 초등 영문법 5·6학년용 1~3권 | 각 권 13,000원

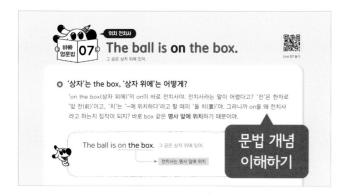

문법 개념 이해하기

문장 비교로 문법 감각 깨우기

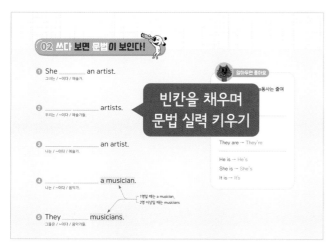

빈칸을 채우며 문법 실력 키우기

문장이 써지면 이 영문법은 OK!

🐕 아들이 하고 싶은 문법 교재라며 고른 첫 번째 책! 문법 공부를 스스로 하고 있어요! – 학부모의 찬사

교과서 집필진, 공부법 전문가, 명강사들이 적극 추천

바빠 영어 시제 특강 5·6 학년용

단순, 진행, 현재완료까지 초등 영문법 시제 총정리

**불규칙 동사의
3단 변화 쓰기 노트**

알찬 교육 정보도 만나고 출판사 이벤트에도 참여하세요!

1. 바빠 공부단 카페 cafe.naver.com/easyispub

바빠 공부단 카페에서 함께 공부해요! 수학, 영어,
국어 담당 바빠쌤의 격려와 칭찬도 받을 수 있어요.

2. 인스타그램 + 카카오 채널

@easys_edu   🔍 이지스에듀 검색!

바빠 시리즈 출간 소식과 출판사 이벤트, 교육 정보를
제일 먼저 알려 드려요!